文字學概論

汪國鎮編著

民國滬上初版書·復制版

文字學概論

汪國鎮 編著

上海三聯書店

图书在版编目(CIP)数据

文字学概论 / 汪国镇著. ——上海：上海三联书店，2014.3
(民国沪上初版书·复制版)
ISBN 978-7-5426-4610-1
Ⅰ.①文… Ⅱ.①汪… Ⅲ.①汉字—文字学—概论 Ⅳ.①H12
中国版本图书馆 CIP 数据核字(2014)第 033702 号

文字学概论

著　　者 / 汪国镇
责任编辑 / 陈启甸 王倩怡
封面设计 / 清风
策　　划 / 赵炬
执　　行 / 取映文化
加工整理 / 嘎拉 江岩 牵牛 莉娜
监　　制 / 吴昊
责任校对 / 笑然

出版发行 / 上海三联书店
(201199)中国上海市闵行区都市路 4855 号 2 座 10 楼
网　　址 / http://www.sjpc1932.com
邮购电话 / 021-24175971
印刷装订 / 常熟市人民印刷厂

版　　次 / 2014 年 3 月第 1 版
印　　次 / 2014 年 3 月第 1 次印刷
开　　本 / 650×900　1/16
字　　数 / 170 千字
印　　张 / 19.25
书　　号 / ISBN 978-7-5426-4610-1/H·34
定　　价 / 98.00 元

民国沪上初版书·复制版

出版人的话

如今的沪上，也只有上海三联书店还会使人联想起民国时期的沪上出版。因为那时活跃在沪上的新知书店、生活书店和读书出版社，以至后来结合成为的三联书店，始终是中国进步出版的代表。我们有责任将那时沪上的出版做些梳理，使曾经推动和影响了那个时代中国文化的书籍拂尘再现。出版"民国沪上初版书·复制版"，便是其中的实践。

民国的"初版书"或称"初版本"，体现了民国时期中国新文化的兴起与前行的创作倾向，表现了出版者选题的与时俱进。

民国的某一时段出现了春秋战国以后的又一次百家争鸣的盛况，这使得社会的各种思想、思潮、主义、主张、学科、学术等等得以充分地著书立说并传播。那时的许多初版书是中国现代学科和学术的开山之作，乃至今天仍是中国学科和学术发展的基本命题。重温那一时期的初版书，对应现时相关的研究与探讨，真是会有许多联想和启示。再现初版书的意义在于温故而知新。

初版之后的重版、再版、修订版等等，尽管会使作品的内容及形式趋于完善，但却不是原创的初始形态，再受到社会变动施加的某些影响，多少会有别于最初的表达。这也是选定初版书的原因。

民国版的图书大多为纸皮书，精装(洋装)书不多，而且初版的印量不大，一般在两三千册之间，加之那时印制技术和纸张条件的局限，几十年过来，得以留存下来的有不少成为了善本甚或孤本，能保存完好无损的就更稀缺了。因而在编制这套书时，只能依据辗转找到的初版书复制，尽可能保持初版时的面貌。对于原书的破损和字迹不清之处，尽可能加以技术修复，使之达到不影响阅读的效果。还需说明的是，复制出版的效果，必然会受所用底本的情形所限，不易达到现今书籍制作的某些水准。

民国时期初版的各种图书大约十余万种，并且以沪上最为集中。文化的创作与出版是一个不断筛选、淘汰、积累的过程，我们将尽力使那时初版的精品佳作得以重现。

我们将严格依照《著作权法》的规则，妥善处理出版的相关事务。

感谢上海图书馆和版本收藏者提供了珍贵的版本文献，使“民国沪上初版书·复制版”得以与公众见面。

相信民国初版书的复制出版，不仅可以满足社会阅读与研究的需要，还可以使民国初版书的内容与形态得以更持久地留存。

2014 年 1 月 1 日

文字學概論

汪國鎮編著

中華民國二十八年一月第一版

顓皇死已五千年猶把
光芒照大千誰起叔孫
通地下摩抄石室晚風
前

錄舊作論學絕句之一

民國二十五年丙子季夏月君毅題辭

敍

自請古文爲死文學今人不宜迷戀骸骨之說興，而假用拼音簡字之徒衆，名以創新，實成忘祖，俚言俗字，黎棗浪災，通人固早識其鄙陋矣。汪子君毅應聘來校，深恐後生之失於檢束文章之入於冗漫，整理國故，從適無由；迺於教課之暇，窮年著書，經學文史之外，文字學概論又踵而刊行，論計五篇，音韻字形訓詁備載，憑客觀，除肊說，縝密詳博，有廣雅疏證之長而無其弊，持此以升段孔，以入戴顧，學者固有津筏可憑藉也。古者入學識字，先於記誦，今之泰西，字究源流，頭尾分析，而辨其粹駁；誠以文章學術，理心固異代異地胳同也。字固一符號耳；而沿襲應用，義情孳生，不究其源，易失其眞，而古書無以通，積理無以曉，民族意識，何由傳遞？今國人懷疑羣經，詆斥諸子者，往往盲然而不自覺，黜鄙書而尊甲骨，排漢字而尙蟹行，怪迂奇衺，洋洋盈耳，不睎以渠鑊，則將讀前賢書史，亦如乍見外國語，沙門上首爲老嫗講華嚴之譏，必不免也。雖然，從事文字學者亦艱危勞苦矣！〈《畎澮之變用靈

[illegible]冂密之嬗遷，以叔重之精深，猶蒙姚氏之非議；上探邃古，下貫后世，昭以逸獲之道，而授之小子，非好學湛思者孰能理之不紊，而爲之不倦？汪子書成，以之示駒，駒誠服其教學無厭倦之心，採輯衆家之美，成經史之翼助，作小子之津梁，師法難得，洵然。中華民國二十六年六月貴溪車駒敍

自敍

聞之揚子雲曰：「言，心聲也；書，心畫也。」夫書之與言，豈果二哉？要不外乎心理之表見而已。蓋心有所感，發之於聲則爲言，畫之於紙則爲書，其名雖殊，其義一也。是以人無論文野，種不問東西，有心則有言，有言則有書；書之體制雖萬殊，而其表暴心聲之功用，則無有不同者，他族無論已。卽以吾國言之：太古之世，獉狉乍啓，混沌初開，爾時蚩蚩者氓，固以鹿豕無別也；始也有聲音而無語言，繼也有語言而無文字，終則結繩畫卦，而文字之途徑開矣。究其所以然者，則以人心之靈，莫不有知；既有知矣，則凡外物之觸於其前者，其心靈殆無不起相當之反應，而思所以刻畫之，應付之；進而思所以駕馭之，利用之；如此而欲滿足其需要，勢必制一心聲之符契以爲之用：此文字之所由作也。乃昔人昧於此義，動以倉頡造書爲神異，甚且如淮南子倡「雨粟鬼哭」之奇談，其謬悠無實，誠不值識者一笑；豈知邃古之世，結繩記事，已開文字之先；觀象畫卦，早著文字之迹；自羲徂軒，載祀千百，其間豈無一二哲人，踵作音符，以前民用？顧書缺有間，年遠無徵，遂不得不以制作文字之功，歸之倉頡耳；彼倉頡果異於人哉？」雖然，荀子有言曰：「古之好書者衆，而倉頡獨傳。」是則頡書亦有過人者，未可易視之也。顧世之詆形製者，以爲頡書衍形，膠固難變，文化濡滯，頡實尸之。余謂此乃炫於西方衍聲文字之便利而爲之辭耳。夫倉頡之初作書，依類象形者，其形迹也；因聲命字者，其本意也；且羲、軒正名百物，已居造字之先；豈有倉頡作書，反棄名物已正之聲，而虛造此聲讀不符之字，無是理也。今以說文證之，字之從某者其形，而從某聲者其實；形之與聲，固相麗也。雖其後一變爲篆，（統大小篆而言）再變爲隸，三變爲楷，形與聲似異於古，究之面影依稀，初形可溯；聲韻相迆，古讀猶存；吾人居今日循聲韻學之原理，據今音以求古音；或本言語學之條例，據今語以求古語；而益信倉頡之書，實兼衍聲文字之長，不僅以衍形文字稱也。」無如歷代學者拘牽於「依類象形」之義，大都偏重形義，忽視聲音；凡所著述，悉祖說文；其間義例精深，豈無可採？惟是言文字而忽視聲韻，已如身患四體癱瘓之人，形貌雖存，神已半絕；故自二徐以下，治說文者，代有其人，著述何啻充棟；然自段注說文及朱氏通訓定聲以外，幾無可觀者，殆由於此」。夫文字之與聲韻，殆如輔車之相依，不可須臾離也；六經以外，漢儒箋注，間略及之；惟深明此義者，當推東漢劉熙之釋名。其時佛教東來，梵書字母，隨入中土，學者覩其切音之便利，遂襲而用之，以治本國文字訓詁之學，劉熙開其先，孫炎繼於後，由是反語盛行，聲類繼作，魏晉六朝，其學益盛；四聲出而韻學興；字母作而等韻出；宋、元以來，音韻之學，蓋已獨樹一幟矣；惟滙通音形義三者以治文字之學，實推有清諸儒：顧氏導其先河，戴、段爲之中堅，章、黄爲之後勁；其間錢大昕、王筠、苗夔、桂馥，各有發明；孔廣森、郝懿行、朱駿聲、俞樾，亦多剏獲；直接爲古音古訓之推求，間接即文字音義之探討；由是聲韻通轉之學，遂啓形義訓詁之坦途；而吾國文字兼具衍聲之理，不但證之六書而已然；即溯之倉頡造書之初意，亦無不然矣。吾國文字之學，向之散漫無紀者，至此遂有條例之可尋，學理之可推，釐然有當於近代科學之條理者，非有清諸儒之功與？海通以來，西學東漸，西方各國文字，隨其國力所及，以次傳入吾國，國人怵於外患之孔亟，時代之推移，相與研治西文，咿唔學舌，幾遍黌舍，揆以知彼之義，非不善也；惟吾人居今日而治西文，實欲藉之以窺彼士之國情，治彼邦之科學，以爲吾人應付外侮之備而已；非謂彼邦文字學術，悉優於吾，反而誚吾國之文字學術悉不彼若，而先爲心理上之投降也；哀莫大於心死，亡莫大於亡心，今之倡廢漢字用拼音簡字者，皆亡心之徒也」。竊以爲居今日而治吾國文字之學，匪但不較昔人爲難，實較昔人爲尤易：蓋西文之入我國，不能使吾國文字有相形見絀之疵，實與吾國文字有相得益彰之美。何以明其然也？文字本乎聲音，徵之西文，理益明顯，吾國字體雖與之異，而當初造字之原理，固與彼同也；人類雖分東西，心靈本無二致，佉盧倉頡，依聲造字，何獨不然？苟牽於外形，昧其眞際，則悖於理而窒於用矣」。顧或者又謂西文易學，在有文法可尋？我方無之，以是難學，竊以此言非篤論也；蓋文理基於積學而成，文法本於文理而得；吾國古代雖無文法之書，然漢唐學者探討文義之言，時散見於注疏之中，誠不可爬梳而理；至於宋、元以後，治古文者，探討義法，琢磨文藝，其中往往與西土文法，不謀而合；而晚近馬眉叔之著文通，尤能以西文條理，董理吾國文字，其所舉例證，無不合法；安見吾國文字之無文法可尋乎？若夫侯官嚴復之著英文漢詁，更能以西文之條例，證吾國文理之同軌；又能以吾國之文義，證彼方文法之多通：此則會通中西，另闢途徑，而益信東西人種心理之相同，世界文軌大同之匪遠；陸九淵所謂「此心同此理同」者，此類是也。且世未有專治一國之文法，而可以通其國之文字者；彼西方之教學者，亦必先授之以書本，而後進之以文法修辭之學；即其教會之設學校於吾國者，其課吾國學子亦然；良以讀書多則積理富，積理富則文義通，義已通矣，法於何有？中西教學之方法，固無二致也。苟不從事於多學而識，博覽而通，而徒以文法為務；是猶得一繩而無物可貫，獲一物而無地可用也；曷足貴乎？」要之吾國文字學之在今日，賴有西方文字之相形，而益見其功用之偉大；亦賴有西方文字之啓示，而益見其改進之易為；更賴有西方語言音韻學理之輔助，而使吾國文字之研究，尤富有諸種之興趣；將來或由此學而引起吾國古代社會習俗之探討；或由此學而引起古代言語學之研究；更或由此學而引起古代原始哲學思想之推求；一洗吾國前此文字學家沈悶固陋瑣碎之流弊，一變而為現代式之新文字學；卽以此新文字學作為吾國凡百學術之門徑，其前途之光明燦爛，必有大過於古人者；是則吾人之所宜努力推求者也，豈僅如揚子所云，徒以此學為心聲心畫之一助乎？」余不敏，竊有志於是，惟是見聞固陋，載籍無多，徒憑區區數年教學之所得，彙為是書，且貿然出以問世，得無戁然於面而恧然於心乎？是為敘。民國二十五年歲次丙子季夏

彭澤汪國鎮敘於省立南昌第二中學校

例言

一、本書之作，係由屢次教授何仲英文字學大綱，美其條理之佳，而病其教材之略，幾經參考補充，施之實地教授；於是彙爲此書，以供學者參考。

二、本書章目節目，大致多依何本次序，惟何本過略者，此本爲實施教授起見，不得不爲之補充說明，以輔助學者之了解。

三、字音篇大致依何氏條理，但亦有更動其節目之處；字形篇，間採胡樸安文字學六書條例，將何本複式六書及變式六書歸幷，以昭劃一而便教授。

四、字義篇節目，較何本出入頗多，其第四章虛字之訓詁及其用法，係採馬氏文通及近人所編國文典諸書，藉以引起學生對於虛字訓詁之興趣。

五、本書目錄僅錄篇、章、節三項目，其每節中之子目，以限於篇幅，不復一一。

六、本書係將教授數次之口義筆錄，幾經斟酌條理，始行謄正，惟因此學沈悶，故文字力求明順，其所引原書有文義艱深者，多以淺順文義釋之，間或加以注釋，俾閱者易於了解：其字句間有不加修飾，文似語體者以此。

七、字義篇之第五章各節，多採新青年中胡適之作，純爲語體，與各篇文體不同，所以存其眞也。

目錄

第一篇　導言
第一章　文字學之歷史的演進……一
第二章　文字學之內涵的概念……九
第二篇　字音
第一章　字音與聲韻學……一五
第二章　字音之起原……二〇
第三章　字音的變遷……三三
第一節　時的關係……三三
第二節　地的關係……四五

第四章　聲母論……五三
第一節　發聲部位概說……五三
第二節　守溫聲母表……五六
第三節　聲母清濁說……六二
第四節　聲母的通轉……六八
第五章　韻母論……七九
第一節　古韻分部述略……七九
第二節　天然韻母——等韻學……八九
第六章　反切……九三
第一節　反切的起原……九三
第二節　反切的方法……九六
第三節　反切的流弊及其改進……一〇二

第四節　注音字母之制定……一〇六

第三篇　字形

第一章　字形的起原……一二三
第二章　字形的變遷……一二六
第一節　結繩……一二六
第二節　畫卦……一二八
第三節　書契……一三一
第四節　甲骨文……一三五
第五節　大篆……一三七
第六節　小篆……一四〇
第七節　隸書……一四三

第八節　草書……一四七
第九節　正書……一四九
第十節　行書八分與近代簡筆字……一五二
第三章　造字的原則……一五六
第一節　六書概說……一五六
第二節　指事……一五九
第三節　象形……一六三
第四節　形聲……一六九
第五節　會意……一七五
第六節　轉注……一八一
第七節　假借……一八五
第四篇　字義

第一章　字義的起原……一九五
第二章　訓詁學之專著……一九九
第一節　爾雅系之專著……一九九
第二節　爾雅釋言系之專著——方言……二〇二
第三節　形訓與音訓之重要的專著……二〇四
第三章　訓詁法……二〇九
第一節　音訓……二〇九
第二節　形訓……二一二
第三節　義訓……二一四
第四節　以共名訓別名……二一七
第五節　以雅言訓方言……二一八
第六節　以今訓古……二二〇

第七節　反訓法……………………………………………………………………二二二
第四章　虛字之訓詁及其用法………………………………………………二二四
第一節　介字……………………………………………………………………二二四
第二節　連字……………………………………………………………………二三二
第三節　助字……………………………………………………………………二四二
第五章　訓詁的流弊……………………………………………………………二五五
第一節　字義分合的流弊………………………………………………………二五五
第二節　國語進化與字義流弊的糾正………………………………………二五九
第三節　國語文義與文言字義的比較………………………………………二六六
第六章　訓詁學史略……………………………………………………………二七二

第五篇　結論

文字學概論

第一篇　導言

第一章　文字學之歷史的演進

㈠文字學卽小學之別名　漢書藝文志六藝略後附小學；小學者，實卽今之文字學也。考周禮以保氏掌養國子，教之六書，是爲小學重文字教育之始；因古人以識字爲基本教育，凡在八歲之國子（公卿大夫之弟也）始入小學者，必先授以正確之文字知識。以其爲小學基礎，故名小學。今以此二字，意義較泛，故易名爲文字學。

㈡中國文字之演進　我國文字自倉頡以後，迭經變遷，綜其大要，周宣王時史籀之造大篆，一變也；秦代李斯等之造小篆，二變也；與李斯同時之程邈復減損篆體而造隸書，三變也；西漢以後，隸書盛行，當時號爲今文，（篆書及倉頡書爲古文。）至東漢復進爲楷書，四變也。（楷書者，正書也。相傳爲王次仲所作；然秦漢時有兩王次仲，究未知屬於何人所作，姑缺疑。）自是字體進於大成雖旁衍爲行、草、八分等體，然究非字體之正宗也。

㈢歷代文字學教育之盛衰　周代頗重文字教育，故周禮有保氏教國子以六書之文。及至戰國，此道不講，由是言語異聲，文字異形。秦一天下，李斯始奏同之，罷其不與秦文合者，於是始作小篆。漢興，蕭何草尉律，亦著其法曰：『太史試學童，能諷書九千字以上，乃得爲史；……吏民上書，字或不正，輒舉劾。』此漢代重視文字學教育之明證也。故兩漢文人無不通小學者，如詞賦家之司馬相如，且有凡將篇之作；揚雄亦有訓纂方言之作；卽在東漢初期如班固賈魴等，亦均精小學，各作字書傳世。（詳後字形篇）惟其後俗師不學，望文生義，故洨水長許愼叔重作說文解字以捄正之；其書凡九千三百餘字，根據篆體，分別部居，共分五百四十部，遂開後代字典之始。然其書自漢至唐，世少傳授，至五代南唐時，徐鉉徐鍇兄弟始校正其書，鉉作說文篆韻譜，是爲大徐本；鍇作說文繫傳，是爲小徐本；由是說文一書，世漸有治之者，然猶未大行也。自清初顧炎武首倡樸學，學者始知欲讀古書，非取徑於文字聲音訓詁之學不可；而戴震尤主「以聲音通訓詁，以訓詁通義理，」影響尤大；其弟子段玉裁因作說文解字注一書，當時王念孫稱之爲許氏功臣，謂「一千七百年，無此作矣。」自後學者讀書，均注意於文字聲音訓詁之學；卽今之言以科學方法治國學者，亦不外乎此也。

㈣**讀古書宜通文字學**　韓文公曰：「凡爲文章，宜略識字。」此言字有古今之不同，音義亦有古今之分別，不明古今字之演變，不但不能讀古書，且亦不足與言連章綴句而爲文也。大抵漢魏以前之文多古字古言，其文義均深邃爾雅，學者欲通其義，非取徑於文字學不可。唐宋以後，歐曾以下之古文，類皆文從字順，與近代文義相近，雖不通文字學者，亦可通其意義；此由宋元以後，學者均不治文字之學，故其所著之書與文無有用古字古言者，此其所以易於領會也。

㈤**文字學之範圍**　漢志（卽漢書藝文志之簡稱）小學十家，其書皆字書訓詁之屬，淸四庫全書小學類，更廣之以音韻，而分部爲三：卽

a 音韻之屬。

b 字書之屬

c、、、訓詁之屬。

此三者卽小學研究之範圍，亦卽其研究之對象也。今雖改名文字學，然其研究之範圍與對象，仍不外乎是韻書之屬，卽字音；字書之屬，卽字形；訓詁之屬，卽字義。惟前人往往只爲部分之研究，如治字形者主於說文；治訓詁者，主於爾雅；治音韻者，主於廣韻；惟兼治此三者，始得文字學全部之智識耳。

㈥前代治文字學者之批評　吾國文字之有音、形、義，猶人身之有精、氣、神也。三者缺一不可。故從字之構造上言之，必先有義而後有音，有音而後有形；若從字之成形上言之，則音寓於形，義寓於音；三者相關，非常密切；故研究文字學者，必將此三者融會貫通，不可滯於一面；若南唐徐鉉、徐鍇，清代王筠、桂馥之解說文，僅詮本義，略無旁通，只可稱爲治說文學，不可稱爲治文字學，若東漢李巡、孫炎之釋爾雅，晉郭璞之注爾雅方言，專解訓詁，而不能說明孳乳通借之條例，只可稱爲治爾雅方言學，不可稱爲治文字學；又如宋吳棫之韻補，明陳第之毛詩古音考，屈宋古音義，專考聲音，而不明孳乳通借之條例，亦只可稱爲治聲韻學，不可稱爲治文字學。兼斯三者，得其條貫，始於淸代戴震；當時錢大昕、段玉裁、王念孫、郝懿行、朱駿聲等，均注意於此。及近人章太炎繼起，發揚國學，如日中天，於是中國文字學始成爲一種有系統之學術矣。

㈦**文字學之定義**　由上述文字學之歷史的演進及其研究之範圍途徑，而得文字學之定義曰：

文字學者研究文字之聲音、形體、訓詁三者相互關係之學，而爲治其他學術所必需之門徑與工具之學也。

（本章參考材料）

a 歷代治說文學之幾個著名的學者

徐鉉，字鼎臣；弟鍇，字楚金；均五代南唐廣陵人。（廣陵即今揚州）二人均精小學，校定許氏說文，鉉著說文解字篆韻譜；鍇著說文繫傳。許氏說文一書，七八百年來，少有治之者，至是始昌明於世。

王筠，字菉友，號貫山，清代山東安丘人。著說文句讀，說文釋例，文字蒙求等書，而蒙求尤便於初學云。

桂馥，字未谷，清曲阜人，著說文解字義證。

b 歷代治爾雅方言之幾個著名的學者

李巡，後漢汝南人，著爾雅注。今佚。

孫炎，字叔然，生於漢魏間，受學於鄭玄之門人，稱東州大儒，著爾雅音義。今佚。

郭璞，字景純，晉河東聞喜人。長於卜筮曆算，所占多奇驗，其文學幾爲術數所掩，著有爾雅注方言注等書。

c 歷代治音韻學之幾個著名的學者

吳棫，字才老，南宋武夷人，著韻補及毛詩補音。吳氏首倡叶韻之說，朱子詩經集傳宗之，爲明清以來言古韻者之祖。

陳第，字季立，明人。本一武人，官至將軍，而長於古韻之學，著有毛詩古音考屈宋古音義二書。考證古音，力駁吳氏叶韻之說，謂叶韻卽古音。每考一字之古音，必用內證外證二法：內證者，詩自相證也；外證者，詩外求證也。清代顧炎武、戴震等之考證方法，均不外於此：陳氏實古韻學之大

宗也

顧炎武，字甯人，清初崑山人，學者稱爲亭林先生。顧氏樸實治經，爲清代考證學開山始祖，尤長於音韻之學，所著音學五書，係竭三十年之精力手謄稿本五次而成。其書共分五種；（一）音論；（二）詩本音；（三）易音；（四）唐韻正；（五）古音表。清代治音韻學者多本之。

d 清代通治文字學之幾個著名的學者

戴震，字東原，清安徽休寧人。其學長於考證，而由聲韻學着手。嘗主張「由聲音通訓詁，由訓詁通義理」之說，故尤長於小學，著書數十種。其關於文字學者，以方言疏證，聲韻考，聲類表，爲最著。段玉裁王念孫等均其著名弟子也。

錢大昕，字辛楣，清江蘇嘉定人，與戴氏同時。博通羣籍，所著潛研堂集，其中有十駕齋養新錄，發明古音無重脣輕脣之分，無舌頭舌上之別，尤爲有名。

段玉裁，字懋堂，清江蘇金壇人，爲戴震高弟，精小學，著說文解字注。其書據徐鍇校定之本，發明義例，校正文字，創見頗多。盧文弨序之曰：「自有說文以來，未有善於此書者。」王念孫亦讚之曰：「一千七百年來無此作矣。」

王念孫，字懷祖，清江蘇高郵人，通聲韻訓詁之學，撰廣雅疏證及讀書雜志。其子引之，字伯申，能紹其學，著經義述聞及經傳釋詞。其釋詞一書，對於虛字，舉例解釋，義尤精確，蓋一種研究虛字用法最精良之字典也。世稱其父子爲高郵二王。

郝懿行，字恂九，清山東棲霞人，著爾雅義疏，較邵晉涵之爾雅正義爲完備。

朱駿聲，字豐芑，清江蘇元和人，官黟縣教諭。專攻小學，所著說文通訓定聲，兼取音韻訓詁，辨證極精確，又出段王之右。咸豐初，詣闕進書，蓋其生平最得意之作也。後經兵燹，其他所著諸書，盡遭佚毀，而此書獨因進呈傳世，亦後學之幸也。

章炳麟，字太炎，浙江餘杭人，長於文字聲韻之學，所著有國故論衡、文始、檢論、新方言、小學問答、等書。清末奔走海外，運動革命，民元以後，不問政治，專事講學，近則僑寓蘇州，爲當代古學大師之碩果僅存者。（按章氏於本年五月卒於蘇州。）

第二章　文字學之內涵的概念

㈠文字之前身——語言　未有文字，先有語言，語言者，文字之前身；文字者，語言之符號也。然「語」與「言」亦自有別：說文云：「直言曰言，論難曰語。」換言之，簡單之話曰「言」，猶西文之單簡句 Simple sentence 也；論難之語，則爲彼此對答之辭，因情節之繁簡而異，猶西文之複雜句 Complex sentence 也。

㈡語言與文字之異用　語言與文字同爲人類表情達意之工具；惟語言須受時間與空間之限制，換言之，時過而語不留，且局於一處而不能及遠也。若文字則不然，文字純不受時空二者之限制，祇要人之情意表見於竹帛之上，卽可傳之遠方，垂之永久，其功用之偉大，較之語言，不啻倍蓰也。

㈢「文」與「字」之本義及其區別　說文「文」作文，錯畫也，象交文，文錯其畫，而物象以見：此「文」之本義也。「字」說文作字，上象宅形，下象子在繈緥形，意謂字如宅之覆育子之孳生無窮也；此「字」之本義也。

說文敘云。「倉頡之初作書，蓋依類象形，故謂之「文」；其後形聲相益，卽謂之「字」。」蓋謂文爲一切物象之本，倉頡首先造文，文爲單體，故曰：「獨體爲文，」「文」猶西文之二十六字母Alphabet也；其後「文」與「文」相合而爲「字」，歷時久遠，而字之孳乳益多，殆無窮極，故曰：「合體爲字。」字，猶西文單字Word之由字母拼合而成者也。——古人言「文」不言「字」，及秦以後，「文」與「字」始混用不分，然其本義按之說文固有別也。

㈣文字與詞之區別　通常「文字」與「詞」，似通用不分，如名詞可譯爲名字，動詞可譯爲動字，是其證也。然在文字學似有分別，今略舉其異點如左；

a「字」可單獨用之，「詞」須綴數字而成，故詞亦可名爲成語Phrase。

b「字」可單獨用爲主詞Subject，詞則反是（然亦有例外）。

c「字」是代表客觀的物象；「詞」是代表主觀的意象。

d說明一個「字」或「詞」之意義及其由來者，爲文字學之職責；說明「詞」與「詞」之相互關係者，爲文法學之職責。

㊄中國文字是獨立的　西人分世界文字爲單音與複音二大系，而以單音系爲最古，大抵一字一音，謂之單音 Monosyllable；一字多音，謂之複音 Polysyllable。彼西方文字最古之國，如埃及巴比侖等國之文字，其初本爲單音，後則以時地的關係，而漸變爲複音。近代東西諸國文字，亦無一非複音者；惟我國文字自古及今，仍保存單音之制，今雖有由單節語變爲複節語之傾向，（如近來於名詞往往加「兒」字「子」字於其末尾是）然字字讀之，則仍爲單音；故曰「中國文字是獨立的。」

㊅中國文字是最古的　世界文字除中國外，其稱最古者爲巴比侖、埃及、印度三國。然巴比侖之楔形文字，（按何仲英謂楔形文字與中國八卦相同，此大誤也。八卦純由横畫組合而成；楔形文字則爲縱横畫聚合而成。）實始於公元前二一四七年；（帝摯八年）埃及之象形文字，始於公元前二一二二年；（帝堯二十四年）公元前二〇〇〇年，（虞舜四十三年）印度人始拜婆羅門教，始造梵字，則梵書爲佛典附會，無疑矣。公元前一八二一年（夏帝芬十三年）埃人明嵛又造埃及文字；此殆猶吾國大篆之於古文也。公元前一八〇〇年，（夏帝芬三十四年）腓尼基人苦埃及文字之繁重，思歸於簡易，因摘取埃及文二十二個，一

一審定其音，旋復互相拼合，定名爲拼音字母，以簡單之音符，造出萬有之文字，是爲後代西方各國拼音文字之始。此等國家之制作文字，均在我國倉頡造字之後，故曰「中國文字是最古的。」

㈦**中國文字爲繪畫直系上之發達**　吾國文字自倉頡依類象形而爲衍形之發展，故字字如圖，富有美術上之意味。在古文及篆書中，此項繪畫式之字體，尤爲明顯，故循繪畫直系而發達。近人胡以魯國語學草創曰：「吾國文字之發生，當時係代表事物之本體，非直接代表特定之聲音也。此自古發達之文字，如羅馬字，敍利亞字，殆無不經此途徑；而吾國文字尤爲繪畫直系之發達。」由此可知吾國文字之依衍形而發展者，實與繪畫同其本原也。

㈧**中國文字亦多衍聲字**　吾國文字既爲繪畫直系之發達，自然以衍形者爲多。然實察之，其間衍聲之字，亦復不少。卽以六書而論，象形、指事、會意三者，固爲衍形的；然如形聲、轉注、假借三者，則與聲音之關係，極其密切，卽衍聲之字也。可知吾國文字半爲衍形，半爲衍聲，非絕對衍形者也。

以此之故，故吾國諧聲之字獨多，諧聲一名形聲，其字之左旁着形以示意者，曰意標。其右旁從某字得聲者，曰音標。例如「江」「河」二字，左旁之巛卽意標；右旁之「工」「可，」卽音標也。此項「意標」「音標」兼具之形聲字，幾占吾國文字總數十分之八九；說文不過九千三百餘字，而形聲字占八千有餘可知衍聲在我國文字中之重要矣。

㈨**中國言文分途之利益**　東西學者謂外國言文一致，便於啓迪民智；中國言文分途，不便於普及教育；此就教育工具上言之，固有一部分之理由；但細察之，則不然。章太炎於此解釋頗合；其大意謂西方文字以衍聲爲主，誠便於教育；然彼以國土褊小，言語單純，故衍聲較易。我國自黃帝以來，領域日擴，當倉頡作書之始，若開衍聲之例，則各地不免以方音造字，勢必方音不同，文字亦因之而變。惟自古及今，各地均用同一之文字，是以語言方音，雖有楚、夏之殊；而紙上所書，究無南北之別；故雖北極大漠，南抵儋耳，（即今瓊州）方音雖異，而文字則同；團結民族，全賴乎此。彼印度版圖不下於我國，雖其文字以梵文爲主而各地依方音造出之文字，不下三十餘種，語言不下百數十種；豈若吾國上下數千年，縱橫數萬里，至今猶得覩同文之盛者乎？故知造成吾國國家之統一，民族之團結者，正言文分途之功也。

第二篇　字音

第一章　字音與聲韻學

㈠字音重於形義　文字學既爲研究音形義三者相互關係之學，然三者之中，尤以字音——聲韻——爲最重要。蓋在太古初民時代，未有文字，先有語言；未有語言，先有聲音；由聲音而有語言，由語言而有文字；人智進化之次序，固如是也。故文字爲語言之符號，其讀音全由語言之聲音而定。苟不明聲韻通轉之理及古今讀音若何變遷之故；則一切形義之變遷，亦無由說明：此治文字學者之所以必先研究聲韻之學也。

㈡「聲」與「音」「韻」之區別　聲韻之學，一名音韻學。音韻二名，起非一時，大抵先有「聲」而後有「音，」有「音」而後有「韻」；此三者發生之次第也。說文：「聲生於心，有節於外，謂之音，從言含一。」詩大序曰：「情發於聲，聲成文，謂之音。」箋云：「聲爲宮商角徵羽；聲成文者宮商上下相應。」此所謂「音」，猶後之所謂「韻」也，惟古無「韻」字，但以「均」字代之耳。三者發生次第可以見矣。

若就其區別言之，則一字音有「發聲」「收聲」之不同：大抵發聲爲「聲」，收聲爲「韻」；一聲一韻相合而爲「音」。譬之西文，聲爲無音字，(一名子音 Consonant)韻爲有音字，(一名母音 Vorwel)而「音」則由子母二字相拼而成也。

(三)聲韻學之分類　聲韻之學，凡分三部：一古韻，二廣韻，(即今韻)三等韻：今分述其略如左：

a、古韻學　此研究古代韻文及漢儒音讀之學也。蓋聲音語言，隨時變易；孔子贊易，其韻始微異於詩，是知周末之韻已稍變古；劉勰所謂「楚辭辭楚，訛韻實繁」是也。鄭玄詩箋云「古音塡、寘、塵、同。」則漢音已殊於周秦矣，然講古韻之學者，實萌芽於宋；自吳棫首作毛詩補音，朱子傳詩用之，今已不傳。吳氏又作韻補，就陸法言切韻二百六部，注「古通某」「古轉聲通某」或「轉入某韻」等，雖其分合未精，然實開後人研究古韻之始。其後淸代顧炎武、江永等繼起研究，此學益盛，迄今尙末艾也。

b 廣韻學　隋唐以後之韻，實爲今韻所自出。此期字音，必區別四聲，各爲一紐，而各紐之中，又合音近之字爲一韻者也。其學始於齊梁時代之周顒、沈約等，周作四聲切韻，沈作四聲譜，今皆不傳，故言切韻者稱隋陸法言，而陸書亦亡。惟宋人陳彭年等所修廣韻卷首，猶題陸法言撰本，長孫納言箋注。則廣韻之二百六部，當卽法言之舊目也，及南宋時，平水人劉淵撰壬子新刻禮部韻略，始幷廣韻二百六部爲一百零七部，世謂之平水韻；元人陰時夫復減上聲一部而爲韻府羣玉，是爲近代通行之詩韻，此研究廣韻學者所當知者也。

c 等韻學　此研究反切及字母之學；其學區別字之發聲，爲腭、舌、唇、齒、喉、諸音。以呼吸之不同，又區爲四等者也。蓋同母之字，既分四等，而同韻之字，亦分四等。一韻有只一等者，有全四等者，有兩三等者。宋鄭樵七音略及元劉鑑切韻指南，皆以聲之洪細，別爲一二三四各等，稱爲等韻，各等又分開口呼，合口呼；一韻之中，率有開合，又有有合口無開口者，有開口無合口者：其辨析甚微也。

(四)聲韻有清濁與弇侈之區別　凡聲之悠然而長者爲淸聲，促而短者爲濁聲。韻有弇侈，卽韻之開合大小之度，周禮曰：「侈聲窘，弇聲鬱。」詳言之，凡韻之近於開口發揚者爲「侈」，近於閉口鬱積者爲「弇」；南方之聲韻近於淸而侈，北方之聲韻近於濁而弇；此則聲韻與水土之關係也。

㈤聲韻之通轉　聲部依發聲機關而有腭、舌、唇、齒、喉之別：韻部大別爲陰陽二類。然其中分部分類，亦非截然不可相通，只要其發聲部位相近，雖聲部不同之字，亦可相互通用，且可由此字而轉爲彼字，是爲聲部通轉。其屬於陰陽二韻之字亦然；（參觀後第五章韻母論中之章太炎成均圖）是爲韻部通轉。合二者言之，則爲聲韻通轉。關於此項學理，至淸代漢學家始逐一闡明。其最著者，如錢大昕、段玉裁、王念孫、王引之等，皆深於此學者也。【本節須參看以後第四章聲母論及第五章韻母論】

㈥詩騷爲古音之藪　詩三百篇與楚辭爲我國最古之韻文，亦爲我國周秦古音之淵藪；其中用字押韻多與今韻大異；雖作者非一人，采之非一國，而「母」必讀「米」，「馬」必讀「姥」，「下」必讀「虎」，「京」必讀「疆」，「福」必讀「偪」，「服」必讀「迫」或「逼」，「能」必讀「耐」，「離」必讀「羅」，「化」必讀「吪」，「錯」必讀「助」；諸如此類，難以枚舉，其規律之嚴，即唐韻不逮；推之左傳、國語、易、書、秦碑、漢魏以至上古歌謠、箴銘、頌贊，其用韻亦多與詩合；實古音之證也。

南宋吳棫不知三百篇之韻本爲古韻，因創「讀詩必叶韻」【叶音協，義同】之說，不知叶韻即古韻也。

故自明人陳第首創詩騷用韻爲古韻說之後，清顧炎武江永以下均宗之，彼等直以三百篇爲古韻譜，而以楚辭、易象等書之韻輔之。蓋研究古韻者之寶藏也。

第二章　字音之起原

㈠**字音起原之次第**　上古之時，未造字形，先有字音，爾時字音卽語音也。然人當始有語音，未若今日之複雜也。其始也，僅有無字之音，厥後聲音複雜，始成言語。近代語音學者，以人類最古語言，概爲單音，今吾國之字，猶字各一音，則其命音之法，尙未大異於古也。大抵音之起原有三：

a **自然之音**　嬰兒墜地，卽有呱呱之聲，以至歡笑哭泣，唏噓怒號，皆原於天籟，有感而動，不約而同，如「爾」「我」等字，皆爲發語聲，父母之號，夷夏同符，是其證也。

b **摹倣之音**　自然之音，天籟也；稍進，則因水土居處之異，而摹倣外物之音以達意，於是聲音以繁，則涉於地籟矣。如山居則習禽獸之鳴，澤處則效江河之響；此實命物制名之原也。

c **會合之音**　人之聲音，由所居山川氣候不同，各自殊異。及世漸交通，始就其殊音，互相取資，而制立名字，期於互相通曉，故或表物之德性以爲名，或依聲音之通轉以爲名，此則純爲人籟矣。

此三者字音起源之次第也，亦可名爲字音演進之三種程序。惟恐學者尚有未喻，復於下節依次解釋之。

㈡自然發聲之初步——感嘆聲時期　初民時代，人類未有語言，先有聲音，聲音之發，由於先受客觀方面外物之衝動，次則依發聲機關【如口舌等】而發出一種簡單之反應；此卽初民時代之發聲也。此種發聲，極其單簡而自然。詳言之，大抵因感受外物之噩異，遂觸動動其主觀之情緒；然以其時人智尚未發達，於外物之認識，極其模糊，僅能以單簡之發聲，表示其喜怒哀樂之情緒之一二耳。此種發聲，多爲感嘆字(Interjectron)其字均有聲無義，僅能想像其發聲之神情而已。故此時期，可名爲感嘆聲時期，亦可名爲言語的初步。

㈢我國感嘆字發聲有北鄙南侈之異　胡以魯國語學草創曰：「人類發聲機關略同，當其發之而成聲也，亦宜其似矣。乃印度日耳曼(Indo-german)語族所記傳之歎聲，大抵「唉」「呵」等開口之聲；而吾國則爲「吁」「呼」等閉口之聲，如尚書開卷首以「粤」字，(今作「曰」字)「粤」者，閉口歎詞也。其中所載「咨」、「嗟」、「吁」、「已」等音，亦大抵閉口。降至禮記檀弓一篇，其述歎詞也，亦不外「噫」「嘻」「呼」「吁」之聲。及至莊子秋水篇，則有「仰而視之曰嚇！」史記項羽本紀，則有「唉！豎子不足與謀。」以「嚇」「唉」等舒聲爲歎詞，至是方見於紀傳，則南方之音也。南方今日亦以發揚之聲爲感歎，而北方山西人發聲，仍以弇聲閉口字居多；雖交通之後，略相融和，而山川風土之差，易起人籟之異，近徵一國，遠質異域，亦劃然不爽也。要之人類有以歎聲爲發表其感情之一時期，而吾國中原士人則以弇聲隨感發聲，因聲擬字，文字本體雖未必確爲聲音代表，而其相去當不甚遠。且古人文字全爲表音之具，而歎詞尤取其近似，可推測而知也」。

㈣**摹聲之起原**　人類發聲，始則表示其感嘆之情緒；次則意識稍進，對於外物之發聲，頗能摹倣其聲氣；卽以所摹得之聲，作爲音符，（音符者因聲擬字也）以爲其物之名；如聞「亞亞」之聲，則名之爲「鴉」；聞「岸岸」之聲，則名之爲「雁」；「卽足而鳴」者，謂之「雀」；「吱吱而鳴」者，謂之「雞」；「鷹」字近於「鷹鳴」；「蛙」字近於「蛙鳴」；如此者，不勝枚舉；此卽所謂摹聲時期也。此時期所制之字，多以音爲表；尤以禽鳥之名爲多。

然摹聲法，有直接間接二種：如上所述鳥類之名，均爲由直接摹仿而得之音符，卽直接摹聲也。

至於因物體之動作，而想像其聲以制字；或由其形體與他物相似，而展轉擬議其聲以爲之名者，則間接摹聲也。例如「木」字近於擊木之音；「竹」字近於擊竹之音；「銅」字之音似敲銅水聲澌澌，其音近「水」；風火相盪，其音近「火」；「滴」字之音，與雨點滴階之音相近；「瀑」字之音與瀑布下注之音相近；皆此類也。

㈤稱名辨物之起原兩說　吾國緯書謂遂人伏羲始名鳥獸百物；又言黃帝始正名百物，禮名亦起於黃帝。此說雖不可信，然以意測之，言語之始，必先有物名，復假物名以通之於事，而表達其情意，由是言語日完。上世音簡，後世音繁，交通之域既廣，言語之會合遂多；荀子所謂「散名則從其成俗曲期」者也。自其聲而言之，則謂之名；自其形而言之，則謂之字；及字形已具，猶謂之「名」者，從其朔也。

然名應乎物而有虛實之分，此兩種之名，孰爲先起？孰爲後起？是不可不探討者也。晚近國人治此學者，受外國語言學之影響，關於此項問題，遂有兩說：

a 實名先起說　主此說者，爲章太炎。其語言緣起說，謂上世先有表實之名，而表德表業之名次之。其言曰；

以印度勝論之說言之：實（體）德（相）業（用）三者，各不相離：「人」云「馬」云，是其實也；「仁」云「武」云，是其德也；「金」云「火」云，是其實也；「禁」云「毀」云，是其業也。一實之名，必與其德或與其業相麗，故物名必有由起。雖然，太古草昧之世，其言語惟以表實，而德業之名爲後起。故「牛」「馬」之名最先，「事」「武」之語乃由「牛」「馬」孳乳而生也。世稍文，則德業之語早成，而後施名於實；故先有「引」語，始稱引出萬物者曰「神」；先有「提」語，始稱提出萬物者曰「祇」是也。

b 虛名先起說　主此說者爲劉師培。其小學發微及正名隅論謂古人觀察事物，以意象爲先。蓋僅具有抽象之能，不能辨別客觀物之質體；故古代之名詞，非具體之名詞也，僅抽象之名詞耳。而上古之時，非必以此爲名詞，僅爲靜詞，動詞，及感嘆詞；及相稱既久，昔之所謂靜詞，動詞，感嘆詞，遂一變而爲眞實之名詞矣。其舉例曰：

日訓爲「實」，月訓爲「闕」；先有「實」字之義，因日形圓實，遂以「實」字訓之；先有「闕」

字之義，因月形半缺，遂以「闕」字訓之。……足徵古代音同之字，義卽相同；而義象之相同者，古人皆別爲一類。且古人析字，既立意象以爲標；復觀察事物之意象；凡某事某物之意象相類者，卽寄以同一之音，以表其意象耳。

以上二說，一以具體之名爲先，一以抽象之名爲先，各執一說；然證以西人對於原始語言之理論，則此兩說實可並存；惟章說較合理可信耳。

㈥**通轉音之理論及其原則**　古代字少，凡音近義通之字，均可通用。王引之經義述聞曰：「古字通用，存乎聲音」。文選李善注，於某字卽某字者，皆云「某字與某字古通」。大都以聲近通用。蓋古音相通之字，其義亦往往相同也。因此而有三種原則，茲列之如左：

a **以韻部同屬而意義相近者**　清人黃承吉曰：「凡爲同聲，是以同義；且凡同一韻之字，其義皆不甚相遠」。劉師培正名隅論亦詳言之。其舉例略曰：

韻部「之」類之字，義訓爲「出」；引申之，有「挺直上騰」之義。故同部之字，若「寺」之訓爲「寺庭」，以「寺庭」爲禮法所出之地，而「峙」「特」「畤」「持」從「寺」得聲，均含

「挺直」之義。又「丌」爲「下基，」有「萬物萌生」之義；「思」從「心囟，」有「思想發生」之義；「滋」「孳」從「茲」得聲，寓「滋生」之義；此「之」類同部之字義皆相近之證也。他如「支」類「脂」類之字，均含「由此施彼」之義；「歌」類「魚」類之字，均含「迻陳於外」之義；「烝」類之字，均含「進而益上」之義；「陽」類之字，均含「高明美大」之義：此皆同一韻部之字義皆相近之證也。

b 以聲類同隸而字相遞衍者　章太炎語言緣起說有云：

同一聲類，其義往往相似，如阮元說：從「古」聲者，有「枯藁」「苦窳」「沽薄」諸義，此已發其端矣。今復博徵諸說；如立「爲」字以爲根；「爲」者，母猴也，猴喜模效人舉止，故引申爲「作爲；」其字則變作「僞。」凡作爲者異自然，故引申爲「詐僞。」凡詐僞者，異眞實，故引申爲「譌誤，」其字則變作「譌。」「爲」之對轉爲「蝯，」「僞」之對轉復爲「謑」矣。一字遞衍，變爲數名。……最初聲首，未有遞衍之文，則以聲首兼賅餘義也。

c 以異韻通轉而一義殊語者　異韻通轉，多屬於雙聲字，與上述b例相近；惟前者以同聲爲主，此則以轉韻爲主耳。章太炎文始一書，卽依此理以推迹語原；其略例有云：

聲有陰陽，名曰對轉；發自曲阜孔君。斯蓋眇合殊聲，同其臭味。觀夫言語變遷，多以對轉爲樞；是故「乙」「燕」不殊，「亢」「胡」無別；「袒禓」「嬴裎」一義而聲轉；「幽」「奄」，「杳」「晻」，同類而語殊。古語有陰聲者，多由陽聲與之對構；由是聲義互治，不間翾忽。徒取說文爲之省并，其數已參分減一；履端泰始，益以闡明；易簡而天下之理得者，斯之謂也。

由上述原則觀之，或以韻同，或以聲同；文字假聲音以成，其間轉變，不外乎雙聲疊韻之理。音轉循軌，形變不居；義以聲昭，物以情類；觀雙聲而知二韻之易轉，察疊韻而識二聲之相通；其在音韻學，不綦要乎？

㈦**雙聲疊韻之關係**　凡字之發聲相同者，名曰雙聲；其收聲相同者，名曰疊韻。有雙聲疊韻，而後字音遂孳乳無窮；有雙聲疊韻而用之詩文，則聲調鏗鏘，如鳴金石：此爲西方文字所不能及者。茲舉其字例如左：

a 雙聲字例

流離　含糊　躊躇　蟋蟀　黽勉　唐棣　蜘蛛　枇杷　鴛鴦

鶻鵃　螮蝀　離婁

b　疊韻字例

蹉跎　窈窕　蟷螂　玫瑰　蜉游　蜻蜓　支離　詰詘　崐崘

皋陶　夫蕖　威夷

㈧雙聲疊韻之用法　中國文學，多喜用雙聲疊韻字，蓋取其音節諧和而易讀也。不獨韻文如是；卽散文之經注字訓，亦多以此二者解之：此其應用也。茲分別述之如左：

1　韻文之用雙聲疊韻法　詩三百篇爲吾國韻文之祖，其中用雙聲疊韻字最多；後代韻文多宗之。茲述其用法如左：

a　單用法　卽一句中用雙聲或疊韻字也。例如

關關「雎鳩」　「雎鳩」二字爲雙聲。

陟彼「崔嵬」　「崔嵬」二字爲疊韻。

b 隔用法　即一句中將雙聲字或疊韻字，拆開應用也。例如

允「文」允「武」　「文武」二字雙聲隔用。

日「居」月「諸」　「居諸」二字疊韻隔用。

c 連用法　即一句中四字，或連用雙聲，或兩者連用，均可。例如

「死生」「契闊」　此句上二下二，同爲雙聲。

「騷首」「踟躕」　此句上二下二，亦同爲雙聲。

「旅力」「方剛」　此句上二雙聲，下二疊韻。

「山川」「悠遠」　此句上二疊韻，下二雙聲。

b 互用法　即一句或數句互用雙聲疊韻字也。例如

「觱發」「栗烈」上二係雙聲，下二係疊韻，此一句中互用雙聲疊韻例也。

「伊威」在室，「蠨蛸」在戶，伊威二字雙聲，蠨蛸二字疊韻，此兩句互用例也。

三百篇中用此等方法者，不勝枚舉，可隨時求得其例也。

2散文之用雙聲疊韻法　中國字義多以雙聲疊韻爲訓，不但說文釋名等字書如是，卽在經傳諸子書中，亦往往有之。今分兩項舉例如左：

a以雙聲爲訓　孟子書中喜以雙聲訓釋字義。如

助者藉也，序者射也。——「助」「藉」與「序」「射」各爲雙聲。

洚水者洪水也。——「洚，」古讀如「荒」字之入聲，故「洚」「洪」二字爲雙聲。

畜君者好君也。「畜」「好」屬於「曉」「匣」二母之發聲，故二字爲旁紐雙聲。

e以疊韻爲訓　此項訓字法，以劉熙釋名爲最多，說文中亦有之。例如

日、實也。——「日」「實」二字疊韻

月、缺也。——「月」「缺」二字疊韻

天、顚也。——「天」「顚」二字疊韻

地、底也。——「地」「底」二字疊韻

土、吐也。——「土」「吐」二字疊韻

仁、人也。——「仁」「人」二字疊韻

義、宜也。——「義」「宜」二字疊韻

政、正也。——「政」「正」二字疊韻

咸、感也。——「咸」「感」二字疊韻

乾、元也。——「乾」「元」二字疊韻

以上諸例，皆其常見者；其他類此者，不具舉。

㈨**王子韶右文說之辨正** 宋人王子韶聖美創作「右文」之說，以爲字從某聲，即得某義：如說文「句」部有「笱」「鉤」；「臤」部有「緊」「堅」；「丩」部有「糾」「𦬀」等；皆爲同一聲類而且同義者。近人劉師培亦贊成其說，其文章原始有言曰：

古代之字，祇有右旁之聲，而未有左旁之形；後世恐其無以區別也，乃加以左旁之形以爲區別。故右旁之聲，綱也；左旁之形，目也。如凡字從「戔」者，皆有「小」字之義；從「音」者，皆有「幽暗」之義；從「侖」者，皆有「文理」「秩序」之義；皆音同義通之證，亦即古字以右旁之聲爲綱之證也。

由上所述之右文說，以字義起於右旁之音標，以之論形聲而兼會意一類之字，誠有合矣；然字義相同者，未必根於得聲相同；「得聲字」之義，更未必即爲「從其得聲之字」之義；且右旁表音之字，亦非盡具有意義者；或僅以表示字音，與意義毫不相關；或雖兼具意義，而與其音標原意亦不相合。例如「江」「河」諸字右旁之「工」「可」，僅爲表音，無關意義；況音標或有在左、在上、在下、在內、在外者，未可執一以求；則右文之說，更無以自圓也。蓋字之音義遞衍，其流無限；不能於形內牽之；苟以右文之說，一致相衡，則形聲當與會意相幷，而六書當殘爲五矣。章太炎文始略例論之曰：

同音之字，非止一二；取義於彼，見形於此者，往往而有。若「農」聲之字，多訓「厚大」，然「農」無「厚大」義；「支」聲之字，多訓「傾衺」，然「支」無「傾衺」義。蓋同韻同紐者，別有所受，非可望形爲論。況復旁轉對轉，音理多涂，雙聲馳驟，其流無限；而欲於形內牽之，斯子韶所以爲荆舒之徒，……六書殘而爲五。（按荆舒係指王安石，安石生前封荆公，死後封舒王，其所著字說多望文生義，故云）

由此可知追求文字得聲之始，固不可僅拘囿於右文之說也。

第三章　字音的變遷

第一節　時的關係

㈠字音因時而變之六期　明人陳第曰：「一郡之內，聲有不同，繫乎地者也；百年之中，語有遞轉，繫於時者也。」清人閻若璩亦曰：「千里不同音，百年不同韻。」由此可知字音之變遷，總不出乎「時」與「地」之兩層關係。如以「時」論，簡言之，大抵周、秦以前爲一期；六朝以前爲一期；隋唐以降又爲一期：若詳言之，則當本於近人錢玄同、文字學音篇之說，分爲六期如左：

第一期　紀元前十一世紀——前三世紀——（周秦）

第二期　前二世紀——二世紀——（兩漢）

第三期　三世紀——六世紀——（魏晉南北朝）

第四期　七世紀——十三世紀——（隋唐宋）

第五期　十四世紀——十九世紀（元明清）

第六期　二十世紀　（現代）

此項分期法實與前三期相通。大抵第二期之兩漢，可與第一期之周秦合而爲一，而總名之爲古音時期，即此期之音，以聲母爲準（案此聲母乃指形聲字所從某聲之聲母，非與韻母對稱之聲母，兩者不可相混）。可名爲聲母時期或曰諧聲時期。魏晉南北朝之語音，較之切韻，或不無出入，然爾時韻書已亡，已難稽考，故第三期可攝於第四期之中；此期之音，以韻書爲準，可名爲韻書時期，亦即今音時期也。民國以來，爲期較短，其音標字母之發生，實爲元明以來趨重北音之結果；北音官話韻書，實爲現代國音所自出，故第六期亦可攝於第五期之中，此期以北方官話之音爲準，可名爲官話時期；而於最近則名爲音標時期；此二期實一國音時期也，以下當分別詳述之。

㈡古音時期之幾個重要原則　古代樸野之風氣未除，聲音重濁而音少；後代文明與時俱進，聲音輕淺而音多；此古今音之大別也。今本清代學者研究古音之所得，而詳述其重要原則如左：

1古人叶韻無平仄四聲之別　古代無韻書，凡爲歌謠，只取其字之聲調諧和，不拘一韻，所謂隨口韻是也（此種隨口韻，亦可以天籟名之。）至叶韻之說，乃後人推求古韻者所立之名目，非古人本有是也。

古人作詩用韻，多依雙韻疊韻之法，互相叶用。其以疊韻相叶者，如詩關雎之「鳩、洲、求」；鹿鳴之「鳴、苹、笙」；尙書堯典之「族、睦」；易乾卦之「虎、睹」，皆是此卽後代之押韻也。其以雙聲相叶者，如詩七月流火章云：「二之日，鑿冰冲冲；三之日，納於凌陰……」，此因「陰」與「雍」爲雙聲，故由「陰」轉「雍」以叶「冲」；又如詩大雅雲漢章云：「旱旣太甚，蘊隆蟲蟲……后稷不克上帝不臨；耗斁下土，甯丁我躬。」此因「臨」與「隆」爲雙聲，故由「臨」轉「隆」以叶「躬」；如此展轉相叶者，亦名切響。換言之，卽以此字轉讀彼字，以與彼字之同韻者相叶，卽展轉叶韻法也。

2齊梁時雖然發明四聲，尙無五音七音之說　平上去入，謂之四聲。古音單簡重濁，並無此種分別，故叶韻不講平仄。雖周世有長言短言之別，有似於平仄，然古人知此別者甚少；只要其聲相近，卽可互協，初不問其平仄也。例如易「積善之家，必有餘慶；積不善之家，必有餘殃。」「慶」爲去聲，

「殃」為平聲，而「慶」與「殃」互叶。尚書堯典「平章百姓，百姓昭明。」「姓」為去聲，「明」為平聲，而「姓」與「明」互叶。此非一字有數音也，殆假其音近者互叶之耳。

四聲之分，始於齊梁時代：先有范曄、王融等啓其萌芽；繼則有周顒彥倫沈約休文等，而約尤詡四聲為彼獨得之祕，即一字之音讀須有平上去入之四種分別也。元和韻譜有單簡歌訣別之曰：

平聲哀以安； 上聲厲而舉； 去聲清以遠； 入聲短而促。

康熙字典引明釋眞空玉鑰匙歌訣云：

平聲平道莫低昂； 上聲高呼猛烈強； 去聲分明哀遠道； 入聲短促急收藏。

當時沈約等既發明四聲，反對者紛起，即梁武帝亦不謂然，一日問周捨曰：「何謂四聲？」捨對曰：「天子聖哲。」其意即以此四字可代一切字之四種讀法也。

四聲中平聲又分陰陽，故曰五音。五音又與古樂五聲相配；例如陽平，商聲也；陰平，角聲也；上聲，宮聲也；去聲，徵聲也；入聲，羽聲也。知五音之配五聲，則知五音本音韻自然之理，特古代音簡，故未分五音；後世音多，故五音遂顯；愈閉塞則音愈簡，愈開化則音愈繁，此北方所由無入聲，而南方所由具七音也。

七音之說，見於清人毛先舒韻學通指，謂平、去、入皆有陰陽，惟上聲無之。其例如左：

（陰平）种、該、箋、腰、　（陽平）篷、陪、全、潮、

（陰去）貢、玠、霰、釣、　（陽去）鳳、賣、電、廟、

（陰入）穀、七、妾、鴨、　（陽入）孰、亦、爇、鑞、

按毛氏之說，出於宋人鄭樵之七音略序。樵謂「江左之儒，知縱有平上去入爲四聲，而不知衡有宮、商、角、徵、羽、半徵、半商、爲七音；縱成經，衡成緯，經緯不交，所以失立韻之源。」毛氏之說，殆本於此；雖焦循（里堂）力斥其謬，然今廣東語具有七音，實與毛說相合。蓋急讀則只五音，緩讀則有七音，揆之音理，當如是也。

3　古音無輕脣重脣的分別　古音重濁，只有重脣而無輕脣；此公例爲清人錢大昕所發見，今舉其例證如左：

a　古讀「扶服」「扶伏」如「匍匐」　詩「凡民有喪，匍匐救之。」檀弓引此作「扶服，」

家語引作「扶伏,」按「扶服」「扶伏」在今讀輕脣音,而在古人則讀如「匍匐」也。

b 古讀「文」如「門」　水經注漢水篇「文水即門水。」今吳人尚讀「蚊」如「門」。

c 古讀「封」如「邦」　論語「而謀動干戈於邦內。」他書引作「封內,」是「封」在古人固讀如「邦」也。

d 古讀「望」如「茫」　釋名「望,茫也,遠視茫茫也。」今南方各地尚多讀「望」如「茫,」古音之遺也。

e 古讀「馮」如「憑」　易「用馮河。」詩「不敢馮河,」論語「暴虎馮河,」春秋「宋公馮,」「馮」字皆皮冰反,讀如「憑,」其讀如「房」者,乃今音,非古音也。

f 古讀「無」如「謨」　佛經多「南無,」音讀如「那謨,」可見古人讀「無」如「謨」。推之「文武」應讀如「門暮,」亦古音也。

g 古讀「晚」如「莫」　「莫」爲「暮」之古字。說文「晚、莫也。」詩毛傳云:「莫、晚也。」可見古人多讀「晚」如「莫」也。

準此七例證，可見今之讀輕脣音者，在古均讀重脣音也。其他可類推。

4古音無「舌頭」「舌上」「半齒」的分別　凡字之在今爲舌上音者，在古音均讀入舌頭，此公例亦爲錢氏所發見。其在守溫三十六母（參觀後章聲母論）「知」「澈」「澄」三紐，屬舌上音，係以舌尖切於齒齗（音銀，牙根肉也）之上而發者也。舉舌尖而切諸齗上，殆非捲起舌底尖與之相切不可，此乃煩難之發音也。舌尖稍申，則讀成「端」「透」「定」三紐之舌頭音矣。然則「知」「澈」「澄」諸聲，爲古音所無，由「端」「透」「定」分化而出者，可無疑也。推之「娘」紐亦然，使聲之一部通過鼻腔，懸壅垂（卽小舌也）不得不開，舌頭卽因之較「知」「澈」「澄」尤前延。其抵觸稍緊，卽爲「泥」矣。至「日」紐與「泥」紐之差，更不過舉舌而不捲耳；不捲而彈轉，抵觸斷上，卽爲「泥」矣。故古音無舌頭舌上之分別，卽由於此。今舉其例證如左：

a古讀「直」如「特」　毛詩「實惟我特。」韓詩作「實惟我直。」注云：「相當値也。」又孟子「直不百步耳。」注云：「直、但也。」「直」「但」「直」「特，」聲均相近。可見古人讀舌上之「直，」如舌頭之「特」或「但」也。

b　古讀「倬」如「菿」　毛詩「倬彼甫田，」韓詩「倬，作菿；」可知古人讀舌上之「倬」如舌頭之「菿」也。

c　古讀「沈」如「潭」　史記陳涉世家，「涉之爲王沈沈者。」應劭曰：『沈沈，宮室深邃之貌。沈，音長含反，與「潭」同音。』韓愈詩「潭潭府中居，」「潭潭」卽「沈沈」也。今之稱人居宅曰潭第，卽仿此。可見舌上之「沈，」古讀如舌頭之「潭」也。

d　古讀「陳」如「田」　說文「田、陳也」齊陳氏，後稱田氏。陸德明云：「陳完奔齊，以國爲氏；」而史記謂之田氏，是古「田」「陳」聲「同。」可見舌上之「陳，」古讀爲舌頭之「田」也。今吳人讀「錢」爲「田，」「洋錢」爲「洋鈿，」「錢」本齒音，而讀入舌頭音之「田」者，亦古音之遺也。

此外章太炎，謂「娘」「日」兩紐，在古音讀若「泥」紐。「娘」爲舌上音之帶鼻音者；依錢氏之說，古人本讀若「泥，」尙非章氏之創見。至半齒音之「日」紐，應歸「泥」紐，證以方音，確是如此；（如南方各地有呼「日頭」爲「義頭」者。）此則章氏之創見也。

5古代字各一音儘管一字數義沒有義各一音的　古音單簡，一字儘敢借用，決無義各一音，可見後代假借之異讀實與古不合。如「長」字本爲長短之長，應讀平聲；借爲長幼之長，則讀上聲。他如「治」讀去聲則爲名字或形容字；讀平聲則爲動字。又如「春風風人，夏雨雨人。解衣衣我，推食食我。」此等重疊之字，大抵上爲名字，下爲動字，意義既小異，音讀亦略不同；此皆後人所啓之例，非古例也。前人如顧炎武，錢大昕均謂一音兩讀之例，不始於周秦；即一字包含數義，亦不過分言語輕重之間，而非有此疆爾界之分；即由於此。

6古人音近的字多可通用　清人焦循作易通釋謂古者命名辨物，近其聲則通其義；其所舉之例證如左：

a「豹」「礿」通用之例　二字古本同聲：與「虎」連類而言，則借「礿」爲「豹」；與「祭」連類而言，則借「豹」爲「礿」。

b「羊」「祥」通用之例　二字古本同聲：故古器有書「大吉祥」爲「大吉羊」者。

c「拘」「狗」通用之例　二字本皆從「句」得聲，故有借「狗」爲「拘」者。

d「碩」「䫘」通用之例。　二字本皆從「石」得聲，故有借「碩」爲「䫘」者。

準此數例，足徵古代音少，凡音近之字，多可通用，不獨同聲然也；卽非同聲，而爲聲韻通轉孳乳之字，亦有互用。

㈢韻書時期之略史　古音時期無韻書，三百篇之用韻，均取音近之字展轉相叶，故其用韻特寬；此卽所謂諧聲時期也。自三國魏人李登首作聲類，以宮、商、角、徵、羽、五音命字，以一萬一千五百二十字，悉分配於此五音之中；是爲我國韻書之始。其後晉呂靜段宏等各作韻書，凡十八九家：今均不傳。然此等韻書，多屬字書（猶字典也）之性質，乃用以辨字，非爲詩韻而設也。至齊梁時代，沈約作四聲譜，周顒作四聲切韻，變前人五音分部法，而爲四聲分部法；是爲近代韻書之萌芽，然距大成則尙早也。

開近代韻書之始者，實推隋代陸法言之切韻。先是隋文帝既一天下，有志於統一南北字音，時有陸法言者，與劉臻、顏之推等八人同撰切韻，依四聲定韻，共分韻爲二百零六部，凡一萬二千一百五十八字。其分部頗詳，殆兼包古今南北之音，後人頗嫌其繁冗；卽如平聲之「先」「仙」「刪」

「山」等字各爲一韻；故其韻部又不免過窄，隋唐二代進士科例試詩賦，均遵用之。唐貞觀間，許敬宗曾奏請將切韻中之窄韻，酌量通用。其後孫愐本之作唐韻而許其窄韻之相近者，可以通用；亦所以謀士子應試之便利也。宋人陳彭年等又因陸氏切韻之舊，而作廣韻，增多一萬四千零三十六字，卷首仍題陸法言撰；故陸書雖亡，然賴此書之存，尚可知陸氏分部之舊也。其後丁度復作集韻，頗有增改。然切韻以下，分部過多，仍不合近代韻書之用。

南宋理宗時，有平水人劉淵者，新刊禮部韻略，將前之二百零六部，歸并爲一百零七部，世稱平水韻，即現代詩韻之所祖也。元人陰時夫作韻府羣玉，復減省平水韻上聲「拯」韻以入「迥」韻，共爲一百零六部，遂成近代通行之詩韻；此吾國韻書之略史也。

㈣官話時期之略史　自遼金入主北部，建都燕京，其後元明清三代，皆都於此。由是北京官話遂成全國之標準語，所謂官話時期是也。當金元入主時，曲劇極爲發達，因有北曲之產生。蓋金元係塞外民族，其語言多嘈雜之聲，故曲文亦多急促之調，其間襯字最多，與後此南曲之襯字少而聲調舒者大異。此期曲家之用韻，純以北方實際之官音爲主；而北方語音向「缺」入聲，故作曲文者，多以入聲分配於平上去三聲之中；高安周德清應於此實際韻書之需要，因作中原音韻一書，以供塡曲之用；其書只有平上去三聲韻部，而無入聲。明初勅宋濂、樂韶鳳等撰洪武正韻，雖有入聲十部，然並平上去三聲各爲二十二部，共爲七十六部，韻較之平水韻又大減少；雖係本實際之官音而作，然終明之世，作詩者仍用平水韻而不用正韻，不過治官話者，不可不以其書供參考也。

㈤**音標時期之略史**　音標之運動，起於晚近三四十年。其始國人見西方教士以羅馬字拼我國字音，認爲便利；因感於我國文字之難通，反切之不便，頗覺文字改良之必要。首爲此運動者，在北方則有王照之官話字母，行於天津一帶；在南方則有勞乃宣之簡字，行於杭州一帶；遂激起多數人之注意。民國肇造，學者知欲普及教育，非統一文字讀音不可。民國二年，北京教育部遂開讀音統一會，號召全國音韻學家討論研究，結果遂有注音字母之制定；同時編成國音字典頒行天下；由是全國所希望之讀音統一運動，遂蓬蓬勃勃而起矣。此音標時期之略史也。

總之吾國字音依乎時間之發展，有其深長之歷史；沿流溯源，本柢具在；欲讀古書者，誠不可不先通古音；欲通古音，又非研究音韻學不可也。

第二節　地的關係

㈠字音因地而變說　人類之發音機關，無或異也。其發爲語言，或象人意，或由效物，莫不因其自然；生理心理相同，而語言互異者，習俗使然也。荀子曰：「干越夷貉之子，生而同聲，長而異俗，教使之然也。」此言聲音因習俗而異；然習俗之異又何自乎？則地理環境之異爲之也。

人類生活，莫不受環境之影響，語言聲音，卽其一端。管子曰：「五方之民，其聲之淸濁高下，各象其川原泉壤淺深廣狹而生。」淮南子曰：「輕土多利，重土多遲；淸水音小，濁水音大。」大抵海洋島國，山海破碎，其音流利而淸淺；大陸山國，丘原廣漠，其音沈滯而重濁；乃至寒帶之國，爲防寒氣之侵入，多籠口卷舌之音；熱帶之地，受熱氣之困倦，饒笨重遲慢之氣。顧炎武音論曰：「五方之音，有遲疾輕重之不同。」此之謂也。

㈡中國歷代聲音紛歧之由來　吾國太古時代之聲音若何，不可得而考矣。周之季世，音分楚夏，屢見於書，如詩經「以雅以南。」「雅」「夏」古字通；南者，荊楚之地也。荀子曰：「居夏語夏，居楚語楚。」是其證也。而當時列國分立，語言文字，各有不同。顏氏家訓音辭篇曰：「九州之人，言語不同，生民以來，固常然矣。自春秋標齊言之傳，離騷目楚辭之經，此蓋其較明之初也。」足徵其時各國聲音之不同，其來有自。如「師」「耀」二字，爲楚國方言，而見於左傳；「登」「得」二字，爲齊國方言，而見於公羊；「央」字爲關中方音，見於秦周二詩；「些」字爲南方方言，見於屈宋楚辭；此皆以方言制字而爲各國語音不同之證也。說文序謂「七國之時，言語異聲」實不待七國之時始然也。是以揚雄著方言以考各地名物之同異；許愼說文劉熙釋名，繼之而作；用譬況假借之法以顯聲讀，蓋皆有意於會通方音而彌縫其缺憾也。

(三)**五胡亂華以後南北方音之激變**　聲音之變遷，亦有係乎種族之遷徙而然者。吾國自西晉以後，五胡亂華，驅中原之人入於江左，於是河淮南北，間雜夷音；而江左之音，又復與古代之北音相雜：南北方音，至此更截然不同。陸法言切韻序曰：「吳楚則時傷輕淺，燕趙則多傷重濁；秦隴則去聲爲入；梁益則平聲似去。江東取韻，與河北復殊。」足徵其時南北方音之激變也。至此兩種方音之得失同異，則顏氏家訓音辭篇論之詳矣。其略曰：

「南方水土和柔，其音清舉而切詣，失在浮淺，其辭多鄙俗；北方山川深厚，其音沈濁而訛鈍，得其質直，其辭多古語。然冠冕君子，南方爲優；閭里小人，北方爲愈。易服而與之談，南方士庶，數言可辨；隔垣而聽其語，北方朝野，終日難分。而南染吳越，北雜虜夷，皆有深弊」。

顏氏此說，於南北方音雅俗之辨，可謂深切著明。蓋彼本南人，後官北朝；兩方語言習俗，皆身歷其境，究之有素，故能言之確切如此。

㈣南北方音互異之例證 清人李汝珍音鑑所舉南北方音互異例證甚多。如謂『長、藏、章、臧、商、桑、六母，以近時北音辨之，缺一不可；而南有數郡，或「長」與「藏」同，「章」與「臧」同，「商」與「桑」同，是以六爲三矣。香、湘、姜、將、羌、槍、六母，以南音辨之，亦缺一不可；而北有數郡，或「香」與「湘」同，「姜」與「將」同，「羌」與「槍」同，亦以六爲三矣。』

由此可知南北之音，既有互異；而海內幅員之廣，州縣之分，鄉村之異，非僅南北兩界已也，吾國方言之種類，多至無紀，由此可見。

㈤章太炎之方言分類法 章氏檢論方言篇，分吾國語言爲九種，茲錄之如左：

a 河之朔，暨乎北塞；東傳海，直隸（即今河北省）山西；南得彰德、衛輝、懷慶爲一種。紐切不具，亢而鮮「入」，（即北音無入聲也）唐虞及虜之遺音也。

b 陝西爲一種，明徹正平；甘肅肖之，不與關東同；惟開封以西卻上。（陸法言曰：「秦隴則去聲爲入，梁益則平聲似去。」至今猶然；此即陝西與關東諸部無入者之異也。）

c 汝甯南陽，今屬河南，故荆豫錯壤也；及江之中，湖北、湖南、江西爲一種，武昌、漢陽尤嘽緩。

d 福建、廣東各爲一種，漳、泉、惠、潮又相軵也，不足論。

e 開封而東，山東曹沇沂至江淮間大略似朔方而具四聲，爲一種。

f 江南蘇州、松江、太倉、常州；浙江湖州、嘉興、杭州、寧波、紹興爲一種；濱海下濕，而內多渠澮湖沼，故聲音濡弱。

g 東南之地，獨徽州甯國處高原爲一種；浙江衢州、金華、嚴州、江西廣信、饒州，其附屬也。

h 浙江、溫處台附屬於福建，而從福寧；福建之汀州，附屬於江西而從贛。然山國陵阜，多自隔絕，雖鄉邑不能無異語；大略似也。

i 四川上下與秦楚接，而雲南、貴州、廣西三部，最爲僻左；然音皆大類湖北爲一種。滇黔則沐英以兵力略定，脅從中聲；故其餘波播於廣西。湖南之沅州，亦與貴州同音。

j 江寧在江南，杭州在浙江，其督撫治所，音與他府縣稍異；因晉宋常定都於是，然弗能大變也。

章氏之分類如此。其後胡以魯國語學草創大致亦如此分類；惟析出湖南，另爲一種，古所謂「楚聲」也。其說已具載於何仲英文字學大綱，茲不再贅述。

㈥黎錦熙之方言分類法　近人黎錦熙國語學講義復依江湖流域，分語言爲十二系。

a 直隸、山西、東三省、山東、河南、北部爲河北系。

b 河南中部，山西南部，江蘇、安徽、淮北一帶爲河南系。

c 陝西、甘肅、新疆、爲河西系。

d 江蘇北部與江南西部之南京、鎮江、安徽中部之安慶、蕪湖、江西之九江，爲江淮系。

e 河南南部，湖北，爲江漢系。

f 湖南東部，湖北東南角，江西西南部爲江湖系。

g 四川、雲南、貴州、廣西北部，湖南西部爲金沙系。

h 蘇、松、常與浙西之杭、嘉、湖爲太湖系。

i 浙東金、衢、嚴之屬及江西東部爲浙源系。

j 浙江南部近海處爲甌海系。

k 福建爲閩海系。

l 廣東爲粤海系。

黎氏此種分類法，雖較章氏爲多，然其依江湖流域分語言統系，頗合語言依水土環境而異之說，且較章氏之分類爲自然；頗有學理上之價值，故錄之。

㈦實際上方言之複雜　吾國語言依上述章黎二子之分類，雖至多不過十二種；而實際上則一種一系之中，語言復不一致，如福建之福州與廈門，廣東之廣州、潮州、嘉應州、及瓊崖等處，語言皆不能相通者也。甚至一縣之中，因城廂之相隔；一鄉之中，因上下之不同；亦各顯出其不同之語調；此在風氣閉塞人民老死不相往來之世，尚無不可；若在今日，交通日便，接觸益多，語言不通之弊，遂益以暴露矣。究其所以然者，不外乎地理環境之影響，與夫人事自然之趨勢。故各種語言各有其特色；亦各有其發展之歷史。如秦漢古音，往往存於閩粵之間；隋唐古音，亦多遺於江浙之地。亦有誦讀之聲，既遵唐韻，而俗語猶不違古音者；有通行語既用今音，而一鄉一縣猶不違唐韻者；有數字同從一聲，唐韻以來，一字轉變，餘字則猶在本部，而俗語或從之俱變者；紛紜多端，不可究詰。然自語音學者之眼光觀之，各種方言，固各有其歷史之根据，無所謂雅俗優劣或是非之分也。

㈧**章胡二子之標準語說**　吾國方言雖多，然習慣有兩種標準語以爲之準；即北京官話與南京官話是也。此二種標準語之勢力，當以北京官話爲大；故自讀音統一運動發生以來，即以北京官話爲準。惟章太炎頗不以北音爲然，而倡以「武漢語爲標準語」之說，其徒胡以魯和之。章之言曰：

今之聲韻或正或譌，南北皆有偏至；……惟江漢處其中流，江陵、武昌韻母皆正；然猶旁采州國，以成夏聲」。（見中國用萬國新語說）

胡之言曰：

湖北之音，古夏聲也；未嘗直接北患之激變，當作南音之代表；交通上又爲吾國之中心，其發達正方興而未艾；故以之導用於國中，似較北京話爲便利。

二子之說如此，然事實上未必可行；蓋古音未可盡復，而今音亦不可悉以人力變之也。

總之統一方音，貴有其一定之標準語，尤當以政治力先着手於其最難之地，而次及其較易之地，此種運動，不僅自現代制定國音字母而始然，卽在前清雍乾極盛之時，亦曾行之於閩粵兩省。清雍正間嘗命廣東福建兩省官吏，設法教導所屬地方語言，務使明白易曉，施鴻保閩雜記謂閩中各縣，從前皆有正音書院。此誠統一讀音之先聲，而今日所當力行之者也。

第四章　聲母論

第一節　發聲部位概說

㈠**發聲機關之部位**　人類之發聲機關，大致可分肺部，喉頭，口腔，鼻腔四部。其中肺以發聲，喉頭口鼻，所以節制聲音與之起共鳴作用者也。

人之聲氣，發自肺部。肺之上部有氣管，氣管之上有喉頭，喉頭之上爲咽頭；至聲門則介乎喉氣兩管之間，聲門左右有聲帶二片，當不發聲時，聲門廣開，肺氣由此流出，是爲氣息。發聲時，則振動聲帶而成聲。聲氣經聲帶之振動及口腔之調節，因其關係不同，遂有聲母韻母之別；而聲母與口腔諸部，尤其密切者也。茲据近人胡以魯聲母發聲部位之界說，述之如左：

口腔諸部位，約分上下內外四部；口之上部，在外者，爲硬口蓋；在內者爲軟口蓋；所謂腭者，即軟口蓋也。軟口蓋之最裏部，有一軟肉，名曰懸壅垂，卽我國醫書之所謂小舌也，以上爲口腔之上部。

口腔下部，中有舌，其在前者爲舌尖（一名舌頭）；在後者爲舌根；在兩旁者爲舌葉；舌之前爲上下兩牙牀，其突出者爲上下齒；其在齒之最外部者爲兩脣；在上者爲上脣，在下者爲下脣。——凡此腭、舌、脣、齒、諸部皆發送聲母之主要機關也。

以舌之後部（卽舌根）隆起於軟口蓋，障其經過，則爲腭音；如「見」「溪」「羣」「疑」等是。（按守溫字母「見」「溪」「羣」「疑」四字，有作「見」「溪」「郡」「疑」者。亦同）。

以舌頭伸突於口蓋之前部而稍屈者，曰舌頭音；如「端」「透」「定」「泥」等是。

以舌頭伸突於口蓋之最裏部者，爲舌上音；如「知」「澈」「澄」「娘」等是。

以舌頭伸突於齒背而發聲者，爲齒頭音；（一名正齒或名齒背）如「精」「清」「從」「心」「邪」等是。

以舌頭突於齒齦（卽齒根肉也）而發者，曰正齒音；（一名粗齒）如「照」「穿」「牀」「審」「禪」等是。

自此而外，翕兩脣以障聲氣之經過而成爆發之音者，曰重脣音；如「幫」「滂」「並」「明」等是。

以上齒輕切下脣以障聲氣之經過，而成輕微之爆發音者，曰輕脣音；如「非」「敷」「奉」「微」等是。

其他卷舌而抵諸口蓋，則發「來」母；彈轉於齒齦，則發「日」母；前者名其舌之形曰卷舌；後者名其彈轉作用曰彈舌；此口腔內外部分之調節也。顧猶有不及口腔，壓聲氣於喉頭，而發「影」「曉」「喻」「匣」者，是爲淺腭音。（一名喉頭音）

此發聲部位及其調節作用之大概也。

(二)**聲母與韻母之進一步的區別** 自宋元以來，一般學者以字音之發於牙、舌、脣、齒、喉者爲聲母：其僅由喉頭發出者，爲韻母；此種區別，極爲含混。近人根據西方文字，謂有音字 Vowel 爲韻母，無音字 Consonant 爲聲母，其說似稍進矣；然猶非其至也。茲以音理別之如左：

a 人之聲氣發自肺部，經氣管喉頭間之聲門，或顫動其聲帶，或不顫動其聲帶；其顫動聲帶者，爲韻母；其不顫動聲帶者，爲聲母。

b 凡顫動聲帶之聲一出聲門，不受口腔諸部（卽脣、舌、唇、齒等部）之阻礙而自由發出者，爲韻母；其不顫動聲帶之發聲，一至口腔，則受脣舌唇齒諸部之阻礙，因而與諸部發生摩阻，而發出脣舌唇齒諸部之聲者爲聲母。

c 韻母之經過喉頭，而不受口腔諸部之阻礙者，多爲樂音；聲母之經過喉頭者，同時須受口腔諸部之阻礙，則爲非樂音。

d 韻母之發自喉頭者，其氣息透出時之壓力較低較弱，是爲濁音；聲母發出時之氣息透出時，其壓力較大較強，是爲淸音。

据此四點，聲母與韻母，區以別矣。

第二節　守溫聲母表

㈠守溫三十六字母之由來　東漢之初，佛教來華，國人見婆羅門書，知其能以十四字貫一切音是爲吾國知有番書字母之始。至唐沙門神珙，始作四聲五音九弄反紐圖附載今玉篇（係梁顧野王撰）之末，然尚無字母之稱也。唐末沙門守溫始製定三十六字母。其文爲

見、溪、郡、（一本作羣）疑、是牙音；　端、透、定、泥、舌頭音；

知、徹、澄、娘舌上音；　幫、滂、並、明、重唇音；

非、敷、奉、微輕唇音；　精、清、從、心、邪、齒頭；

照、穿、牀、審、禪、正齒；　曉、匣、影、喩是喉音；

來、日、半舌半齒音。

宋崇文總目云：「三十六字母圖一卷，釋守溫撰」。其圖不行於世，宋人傳其學者，爲之分配七音；更於舌音分爲舌頭舌上，於唇音分爲重唇輕唇；於齒音分爲齒頭正齒。例表如左：

牙音——見、溪、郡、疑。（郡一本作羣）

舌音
- 舌頭——端、透、定、泥。
- 舌上——知、徹、澄、娘。

脣音｛重脣——幫、滂、並、明。輕脣——非、敷、奉、微。｝

齒音｛齒頭——精、清、從、心、邪。正齒——照、穿、牀、審、禪。｝

喉音——曉、匣、影、喻。

半舌音——來

半齒音——日

惟近代音韻之學大昌，準以發音之理，知「牙」無發音之關係，故前人易「牙音」為「深喉音」，「喉音」為「淺喉音」；今更知喉音實為韻母，與聲母無關，故再更為「深脟」「淺脟」二音；且各部聲母，均有剛柔二種讀法；於是近人江謙修正其原表，而為新式表如左：

部位	聲母
深喉	見（見） 溪（溪） 羣（羣） 疑（疑）
淺喉	曉 匣 影 喻
舌頭	端（知） 透（徹） 定（澄） 泥（娘）（日） 來
舌上	知 徹 澄 娘 日
舌上變齒	（知） （徹） （澄） （日）
正齒	精 清 從 心 邪
粗齒	照 穿 牀 審 禪
重唇	幫（非） 滂（敷） 並（奉） 明（微）
輕唇	非 敷 奉 微
唇音入喉	（非） （敷） （奉）

表中每聲字下附（　）者，表剛聲讀法也。其「知」「徹」「澄」「娘」「日」，古讀如「端」「透」「定」「泥」「來」；「非」「敷」「奉」「微」，古讀如「幫」「滂」「並」「明」；今表於舌頭附入「知」「徹」「澄」「娘」「日」；於重唇附入「非」「敷」「奉」「微」；以存古音之舊。至於舌上舒為齒音，輕唇讀若「曉」「匣」，係古音出軌之通轉，亦附列焉。

㈢**辨守溫字母命名之錯誤**：守溫三十六字母，實為三十六聲母，（即無音字）僅為字母之一部；以字母須包括「聲」「韻」二母而言也。前人反對字母之名者甚多：舉其著者，則有清人錢大昕、陳澧等。

錢之言曰：「古人因雙聲疊韻而作反切，以兩字切一言，（言猶字也。）上一字必同聲，下一字必同韻，聲同者互相切，本無字母之別；今於同聲之中偶舉一字以爲例，而尊之爲母，此名不正而言不順者也。」

陳之言曰：「字母之名，出於佛書。蓋佛國以音造字，連二字爲一音，即連二字爲一字。所謂字母者，以其能生他字也。若儒書之切語，以二音譬況一音，非以二字合成一字，如「東、德紅切，」「東」非「德」字所生，尤非「端」字所生，豈可謂「端」字爲「東」字之母乎？誠所謂名不正而言不順也。」

由二子之說，可知「字母」二字，只適用於拼音文字；而非可適用於吾國之文字也。陳氏作切韻考，遂改稱爲「聲類」云。

㈢陳氏切韻考之雙聲標目　陳澧（蘭甫）既不滿於守溫字母之說，因作切韻考，取廣韻反切之上一字，聯繫其同用（如都宗切冬，都郎切當），互用（如都郎切當，當孤切都），遞用（如苦紅切空，康杜切苦。）

之字爲一類，謂之聲類。凡考定聲類爲四十，其常用者共四五二字。陳氏自以爲此等字實孫炎（三國魏人相傳炎始作反切，其實不然，説詳後）。以來師弟相傳之雙聲標目，無異後世之字母，頗有取守温三十六母而代之之意。然用字過多，繁雜難記，遠不如聲母家標目之簡括。且其囿於廣東方音，（陳爲廣東人）將「微」「明」二母合而爲一，尤啓近代音韻學家之非議。近人錢玄同評之曰：

夫輕唇「非」「敷」「奉」「微」四母古皆與重唇「幫」「滂」「並」「明」四母相同；陳氏於「幫」與「非」，「滂」與「敷」，「並」與「奉」，既各分爲二，則「明」與「微」合而爲一，實爲自亂其例。緣陳氏爲廣東人，廣東音凡「微」聲字皆從「明」讀；而讀「非」「敷」「奉」，則與「幫」「滂」「並」有殊；陳氏囿於方音，故有此失。又陳氏排斥字母之心太甚，故所定四十類，但取廣韻反切上字之同類者系聯爲一，而無建首之文；此實不悟託名標識之理，遠不及字母家立「見」「溪」「羣」「疑」諸目之便於指説矣。

㈣後人對於守温三十六母刪易之無謂。守温三十六母雖行，然後儒仍多刪易之説。諸説紛紜，莫衷一是。

其別翻花樣者，則有如明人蘭廷秀別製二十攝，以代三十六母；即

東風破早梅向暖一枝開，冰雪無人見，春從天上來。

又有桑紹良亦別製二十攝，即

國開王向德，天乃賚禎昌，仁壽增千歲，苞盤民勿忘。

李汝珍又別製三十三攝；即

春滿堯天，溪水清漣，嫩紅飄粉蝶，驚眠，松巒空翠，鷗鳥盤翾，對酒陶然，便博個醉中仙。

此等删易，徒事翻新，無補實際，惟江永四聲切韻表篤守三十六母，謂其總括一切字音，不可增減移易；欲考切音，辨等韻，仍當奉守其說也。

第三節　聲母清濁說

㈠宋元以前之韻母清濁說　清濁之說，始見於韻學。宋、元以前，言韻學者已有清濁之名。如潘徽韻纂序云：

李登聲類，呂靜韻集，始判清濁，纔分宮羽。

又陸法言切韻序云：

支、脂、魚、虞、共爲一韻；先、仙、尤、侯、俱論是切。欲廣文路，自可清濁皆通；若賞知音，卽須輕重有異。

又孫愐唐韻序亦云：

引字調音，各自有清濁。

惟諸家於韻之清濁，亦僅混而言之，後人無由臆測。至宋陳彭年廣韻末載有辨字五音法，以脣聲、舌聲爲清，齒聲、牙聲、喉聲爲濁；似以清濁類分聲母矣；然幷載辨四聲輕清重濁法，以「仙」爲輕清，「先」爲重濁；是又以清濁分韻矣。然自有此韻分清濁之說，遂開宋、元以後聲分清濁之途徑。

㈡宋元以後之聲母清濁說　宋人楊中修切韻指掌圖始以清濁之名，施之聲母；其說謂聲母有清濁之分，而清濁之中，又分輕重，於是有全清、次清、全濁、次濁等名；如「見」母爲全清，「溪」母爲次清；「郡」母爲全濁，疑母爲次濁等是。玆錄其分別如左：

全清　見經堅　端顚　知珍邅　幫賓邊　非分番　精津煎　心新先　照眞氈　審身羶　影因烟

次清	溪輕牽	透汀天	徹癡延	滂繽篇	敷芬蕃	清親千	穿嗔蟬	曉馨軒		
全濁	羣勤乾	定廷田	澄陳纏	並貧便	奉墳煩	從秦前	牀崢潺	匣刑賢		
次濁	疑銀妍	泥甯年	娘紐尼	明民綿	微文亡	斜餳涎	來鄰連	禪脣蛇	日人然	喻寅延

(三)**明、清以來之聲母清濁說**　明、清二代之學者，漸知宋人所分全清次清名稱之不當，於是方以智創發聲、送氣、收聲之說，以「見」「端」諸母為發聲，以「溪」「透」諸母為送氣，以「疑」「泥」諸母為收聲。惟江永音學辨微分配三十六母，仍用正清次清等目；謂此三十六母中，有清濁相配者，如「溪」與「郡」「透」與「定」等；有僅具清而無濁者，如「見」「端」等；有僅具濁而無清者，如「疑」「泥」等。其後陳澧乃並宋二家之說，以「溪」與「羣」等分為清濁；又以「見」與「溪」等分為發送，列表如左：

發聲部位	喉音	牙音	舌音		齒音		脣音	
發聲	影喻 ○爲	○見	○端	○知	○照	○精	○幫	○非
送氣	曉匣	漢羣	透定	徹澄	芽牀 審禪	清從 心邪	滂並	敷奉
收聲		○疑	○泥 ○來	○娘	○日		○明	○微
清濁	清濁	清濁	清濁	清濁	清濁	清濁	清濁	清濁

右表所列，以「郡」「定」諸母爲「溪」「透」等之濁；而「見」「端」諸母，無其濁音；此本諸江氏音學辨微，以爲三十六母固非清濁全行相配者。然考之吾國南北語音，「羣」「定」諸母應兼爲「見」與「溪」，「端」與「透」等之濁；故李光地等韻辨疑，於「羣」母下注云：『北方爲「溪」濁聲，南方爲「見」濁聲。』此謂「郡」母兼爲「見」與「溪」之濁母也。章太炎音理論更詳言之。其略曰：

自來言字母者，皆以「羣」爲「溪」之濁，「定」爲「透」之濁，而「見」「端」無濁音。返觀梵文，五字爲行，二清二濁，一爲收聲；而中土獨二清，一濁，一收：何以不相比類？蓋「羣」「定」等字，揚氣呼之爲「溪」「透」之濁；抑氣呼之爲「見」「端」之濁。今北音多揚，南音多抑；又北音平去亦有抑揚之異，如呼「羣」皆揚如「溪」之濁，呼「郡」則抑氣如「見」矣：呼「亭」皆揚如「透」之濁，呼「定」則抑氣如「端」矣。同此一母，而平去異貫，則知曩日作字母者，本以「羣」承「見」「溪」，「定」承「端」「透」；非謂「羣」專爲「溪」之濁，「定」專爲「透」之濁，然据例自當二清二濁，故潘耒類音爲之補苴焉。

由此可知三十六母中，「羣」「定」諸母，兼承「見」與「溪」「端」與「透」等，非僅爲「溪」「透」諸母之濁音也。

㈣聲母清濁根於音理上之區別　上述宋、元、明、清諸學者之分別聲母清濁之說，後愈於前，已可概見，然究有不合於音理者。欲分清濁，須從音理着手。卽

a 純粹聲母不經聲帶顫動，而又不含韻母者爲清聲母；（一名無音聲母）換言之，卽聲母不帶尾音也。如「見」「溪」「端」「透」等母是。

b 不純粹聲母之經過聲帶顫動而又含有韻母者爲濁聲母；（一名帶音聲母）換言之，聲母之略帶尾音者也。如「羣」「疑」「定」「泥」等母是。

c 聲母之清者，其作致氣息之壓力較高者，爲清聲母。

d 聲母之濁者，其氣息作致於內時壓力較低者爲濁聲母。

他如韻母多自喉頭出發，聲母係由口腔諸部摩阻而成；若「影」「喻」「曉」「匣」諸母之名喉音者，皆不純粹之聲母，猶西文之半母音 Halfvowel 也。

由上所述，可知聲母清濁當由音理分別矣。茲舉近人胡以魯之聲母清濁表如左，以當本節結論。

清	見	端	知	幫	非	精	照	影		
清	溪	透	徹	滂	敷	清	穿	曉		
濁	羣	定	澄	並	奉	從	牀	喻		
重濁	疑	泥	娘	明	微			匣	來	日
清						心	審			
濁						邪	禪			

第四節　聲母的通轉

㈠聲母之剛柔讀法　欲知聲母通轉之例，須先知聲母各有剛柔兩種讀法，剛柔者，陰陽之謂也，陽聲爲剛聲，陰聲爲柔聲。如「見」「溪」「郡」「疑」四母，今之黃河、揚子江兩流域之人，多讀柔聲，惟閩人多讀剛聲，如「福建」二字之讀爲「祜監」是矣。故本章第二節守溫聲母新式表，每行增列剛聲外加括號以區別之，使讀者知聲母之有剛柔兩種讀法。如「見」必增（見）「溪」必增（溪），「見」爲柔聲讀如「建」，（見）爲剛聲讀如「監」；「監」讀柔聲者如英文之ch，讀剛聲者如英文之k；又如「曉」爲柔聲，讀如英文之sh，「曉」下增「匣」，「匣」爲「曉」之剛聲，讀如英文之h；「影」爲柔聲，讀如英文i之短音，「影」下增「喻」，「喻」爲「影」之剛聲，讀如英文u之撮口音。推之「知」「徹」「澄」「娘」「日」，古讀如「端」「透」「定」「泥」「來」，亦一聲母之分剛柔兩種讀法也。其他按表依此類推。

(二)**聲母通轉之規則**　凡同一聲母之雙用字，無論或爲陰聲，或爲陽聲，皆名雙聲，其兩字同屬一母者，曰同紐雙聲（紐猶言字頭也）例如「堅固」「健剛」同屬「見」母；「啓開」「頃刻」同屬「溪」母是矣。若兩字一屬「見」母，一屬「溪」母則爲旁紐雙聲。例如「觀」之與「看」，「堨」之與「去」，「間」之與「嵌」等是。推之深腭之「見」「溪」「郡」「疑」，與淺腭之「曉」「匣」「影」「喻」，皆可比附通轉，則爲寬格之旁紐雙聲。

由此可得近轉旁通之規則。即

a「見」「溪」「郡」「疑」「曉」「匣」「影」「喻」爲腭音一類；——此類中，「見」與「溪」爲近轉；而與「曉」「匣」「影」「喻」「疑」爲旁通。

b「端」「透」「定」「泥」「來」「知」「澈」「澄」「娘」「日」爲舌音一類；——此類中「端」與「透」爲近轉。而與「知」「澈」「澄」「娘」「日」「泥」「來」爲旁通。

c「幫」「滂」「並」「明」「非」「敷」「奉」「微」爲唇音一類；——此類中，「幫」與「滂」，「非」與「敷」，爲近轉；而與「明」「微」爲旁通。

d「精」「清」「從」「心」「邪」「照」「穿」「牀」「審」「禪」於齒音一類；——此類中，「精」與「清」，「照」與「穿」爲近轉；而與「心」「審」爲旁通。

至於「郡」爲「見」濁，「定」爲「端」濁，「澄」爲「知」濁，「從」爲「清」濁，「邪」爲「心」濁，「牀」爲「穿」濁，「禪」爲「審」濁，「並」爲「幫」濁；「奉」爲「非」濁，雖列兩母，實則一聲，可幷入四類。

此外如閩人讀「非」「敷」「奉」，如「曉」「匣」兩母發聲之「希」「呼」「哄」，以及舌上舒爲齒音，齒音縮入舌上，舌上混入深腭；此則聲母通轉之變例也。

㈢腭部聲母通轉舉例 腭部聲母有深腭淺腭之分；「見」「溪」「郡」「疑」四母，深腭也；「影」「曉」「喻」「匣」四母，淺腭也。此四母在古代或近代方音，均有互相通轉之妙。例如

a、學 「學」字在今音多讀「曉」「匣」二母，【讀「曉」母爲「學」，讀「匣」母如唱和之和字音】而在古音則讀如「覺」；故說文訓「學」爲「覺」，孟子亦言「使先覺覺後覺」，猶言「使先學教後學也」。「覺」字古讀如今之「閣」字，即「見」母之剛聲也。可見「曉」「匣」二母發聲之字，可與「見」母相通。

b、鶴 「鶴」字今讀「匣」母，然顧炎武謂古人稱「黃鶴」爲「黃鵠」，或「鴻鵠」；「鵠」屬「見」母之剛聲，今吳音則讀「鶴」爲「疑」母之剛聲：可見古人讀「鶴」爲「鵠」，即「匣」母與「見」母相通之證也

c 洚、孟子稱「洚水者洪水也。」「洚」屬「見」母，「洪」屬「匣」母，可見二母相通。

d 畜、孟子稱「畜君者，好君也。」「畜」屬「曉」母，「好」屬「匣」母；可見二母相通。

e 於、戲、詩云：「於戲前王不忘。」「於戲」即「嗚呼，」「於」「烏」爲撮口合口之轉；「戲」「呼」即「曉」「匣」二母之通轉。

f 魚、「魚」字今讀「喻」母，古讀「疑」母；今海門讀「疑」之剛聲。推之「玉」字，今讀「喻」母，或讀「疑」母；古亦讀「疑」母。可見「影」「喻」二母，與「疑」母相通。

g 五、吾、烏、三字今讀「喻」母，古讀「疑」母剛聲。可見「喻」「疑」二母相通。

h 牛、「牛」字今多讀「疑」母，南通廣州讀「疑」母剛聲；或有讀「油」者，則轉入「喻」母；可見「喻」「疑」兩母相通。

i 吳、音、吳音讀「曉」「匣」兩母如「影」「喻」；如學校，會合，齊桓之桓，往還之還，見在之見，以及「何」「胡」「河」「湖」等字，普通讀「匣」者，吳音均讀成「影」「喻」；可見「曉」「匣」與「影」「喻」兩母相通。

丁　粵音　廣州讀「溪」母字多如「匣」母；牽牛之牽，出去之去，起來之起，皆讀入「匣」母。天津則讀「溪」爲「曉」母，——溪從「奚」聲。

其他類此者不具舉。

㊃舌部通轉及齒音入舌舉例　今之舌頭舌上兩聲，在古音通讀舌頭音；齒與舌關係密切，齒音入舌，亦屬自然之理。例如

a「他」字古皆讀「佗」，爲「端」「透」二母近轉；「徒」「同」「杜」「動」等字，今亦「端」「透」通讀。

b「道」與「理」，「塗」與「泥」，「道」與「路」，「墮」與「落」，「鈍」與「魯」等字，均爲「端」「泥」兩母之旁轉；「叮嚀」，「團圞」，「螳螂」，「玓瓅」等，皆爲「端」「泥」兩母連結之叠韻字。

c史稱陳恆爲田恆，陳氏爲田氏；陳屬「知」母，「田」屬「端」母，爲「知」「端」二母旁通之證。

d 漢書改蒯徹為蒯通，避武帝諱也。「徹」屬「澈」母；「通」屬「透」母，可為古音「澈」「透」二母旁通之證。

以上為舌部聲母通轉之例。至於齒音入舌者。例如

a 「錢」今通讀為齒音之「精」母，而吳人讀為「田」「連」，「田」「連」即「端」「泥」之轉；而「錢」與「田」「連」即為「精」母與舌部「端」「泥」二母通轉之證。

b 「至」字古讀「知」母，今普通讀為齒音之「照」母；而或謂之「到」，或謂之「抵」；即「至」之古音，陰聲為「抵」，陽聲為「到」；此為舌部「知」「端」與齒部「照」母通轉之證。

c 孟子稱「泄泄猶沓沓也。」「泄」為齒部之「心」母，「沓」則舌部之「透」母也；可見「心」「透」二母相通。

d 「蛇」字今讀齒部之「心」「審」兩母，然古人讀「蛇」若「它」，所謂「無它」即「無蛇」也。說文云：「它即蛇」字。上古草居患蛇，故相問「無它乎？」「無它」今作「無他；」

今吳語「嘸啥」即「無它」也。可知「心」「審」二母與「端」「透」二母相通。

e 今語「你」字實爲「爾」字之古音。蓋古人於「汝」「若」「而」「乃」等字，皆讀舌部「泥」母；今人於「爾」「若」「而」三字，均讀捲舌音「日」母；「日」母卽守溫之所謂半齒音也，可見舌部之「泥」母，與半齒之「日」母相通。今吳語稱「儂」稱「乃」，猶古音之遺也。

以上爲齒音入舌之例。蓋齒與舌相接，發聲時，稍縮則入舌，稍伸則抵齒；雖屬出軌之聲，亦變之自然者也。

㊄齒部通轉及齒音入脣舉例　齒部十母，雖有正齒粗齒之分，然其互相通轉至易也。例如

a 孟子云「助者藉也，序者射也。」「助」「藉」爲「清」「穿」二母之通轉；「序」「射」則爲「心」「審」二母之通轉。

b 尚書多用「茲」，論孟學庸則用「此」與「斯」；「茲」「此」「斯」三字，卽「照」「穿」「審」三母之通轉。

c 詩經「烝在栗薪」，「烝」即「衆」，「栗」即「裂」，「薪」即「柴」。「烝」「衆」同屬「照」母，「薪」「柴」屬「審」「穿」二母，即「審」「穿」二母通轉之證。

以上爲齒部聲母通轉之例。他如齒音讀入脣音者，例如

a 近人有讀「精」「清」「心」如「金」「輕」「欣」者；「照」「穿」「審」爲「叫」「牽」「笴」者。「金」「輕」「欣」屬「見」「曉」二母；「叫」「牽」則屬「見」「溪」二母；是爲齒部聲母讀入脣部聲母之證。

b 詩經「伐木許許」，說文引作「伐木所所」；「許」屬「曉」母，「所」屬「心」母；即脣部「曉」母讀入齒部「心」母之證。

以上爲齒音入脣之例，亦出軌音之一種也。

㈥脣部通轉及脣音入脣舉例　古無重脣輕脣之分，故此兩種聲母之通轉，尤爲明顯。例如

a 詩經「敷時繹思」。左氏傳引作「鋪時繹思」；「敷」爲輕脣之「敷」母，「鋪」爲重脣之「幫」母，可見二母相通。

b 尙書「方行天下」有引作「旁行天下」者;「方」爲輕脣之「非」母,「旁」爲重脣之「滂」母,可見二母相通。

以上爲脣部通轉之例。此外例證甚多,可參觀本篇第三章第一節「古代無輕脣音」項下諸例,故不再贅。

其脣音入腭者,亦爲出軌音之一;舉例如左:

a 爾雅云:「丘四方者曰胡丘」。「方」爲脣部「非」母,「胡」爲腭部「匣」母,可見二部聲母相通。

b 古書稱「虺蛇,」又稱蝮蛇;「虺」爲「匣」母,「蝮」屬「敷」母,可見二部聲母相通。

c 詩稱「顏如舜華,」「華」叶讀「芙」;又「花」字一作「葩」字,「奇花」一作「奇葩」;「華」「花」二字屬腭部「匣」母,「芙」「葩」二字,則屬脣部「敷」「幫」二母,可見二部聲母相通。

d 今閩人讀「福建」如「祜監」;「福」屬「敷」母,「祜」屬「匣」母,可證脣音入腭,在方音中亦有之。

反之方音中亦有腭音讀成脣音者；如今松江人於「匣」母之字，多讀入脣音；如「火」讀若「撫」，「花」讀若「敷」，「荒」讀若「方」，適得閩音之反。

由本節所舉諸部通轉之例，可以知聲母之通轉，亦有正變之分矣。

第五章　韻母論

第一節　古韻分部述略

㈠「韻」字之來歷　古代言音不言韻，故無「韻」字；其後雖知聲音諧和之理，而亦未造「韻」字；惟以「均」字代之，故「均」字，卽古「韻」字也。其始見於著述者，如晉初成公綏嘯賦云：「音均不恆，曲無定制」。李善注：「均、古「韻」字也」。其後陸機文賦云：「采千載之遺韻」，此「韻」字則又似指文章聲調而言。至劉勰文心雕龍章句云：「魏武論賦，嫌於積韻，而善於貿代」，「貿代」猶言轉韻也。似此學之興，始於魏晉以後；然李登聲類，猶不名韻；晉呂靜仿作，始名韻集；韻學之興，殆始於此。故說文無「韻」字，迄徐鉉作說文新附，「韻」字始入字書。其解「韻」字云：「韻、和也，從音員聲。」亦有作「韵」者，從音，勻聲，聲亦義也；音勻則和，較從員聲者，義尤圓滿；故今世兩字通用。

此韻字後出之來歷也。

㊁六經諸子多有韻之文爲考古韻者所本　清人阮元曰：「古人以口耳治學，凡有所作，必簡其辭，協其音，以便傳誦」然不僅此也；古人以簡策傳事，非盡人所能備，故不得不簡辭協音以廣其傳；此六經諸子之文所以簡約而多協韻也。如易之「雲從龍，風從虎，聖人作而萬物睹」「虎」「睹」二字，協韻也。又如尙書堯典云：「克明俊德，以親九族、九族旣睦，平章百姓。百姓昭明，協和萬邦，黎民於變時雍」。其中「族」與「睦，」「姓」與「明，」「雍」與「邦，」皆以兩句叶韻；而「九族」「百姓」蟬連而下，則又開初唐四傑蟬連轉韻之格也。又如老子道德經八十一章，幾於句句用韻，孟、莊、荀、韓諸子，亦多隨句叶韻，例證甚多，不勝枚舉，近代研究古韻學者，於詩騷漢賦之外，均以經傳諸子中之韻語爲推求古韻分部之根據，非無故也。

㊂前人研究古韻學之步驟　古韻學之發明及其研究，須經過左列之四種步驟。茲依次分述之如左：

a最初尋見古今音讀之不同　古今音讀多殊，漢儒注經多言及之。如

1 詩「烝在桑野。」毛傳云：「烝，窴也」鄭箋云「古者聲窴、塡、塵、同也。」而爾雅釋詁云：「塵、久也。」故轉「烝」爲「久，」而解爲「久處桑野，」此可見古今音讀之不同者一。

2 劉熙釋名曰：『古者曰車，聲如「居」所以居人也今曰「車，」聲近「舍」。』此可見古今音讀之不同者二。

此外經注類此者尙多：實爲後來考求古音之嚆矢。

b 次則以今韻與古韻不合特剏叶韻之說 齊梁時代，沈約周顒等始分別四聲以制韻譜；其後沈重作毛詩音，於今韻有不合者，謂之協句。彼於詩燕燕首章「遠送於野」句下，注云：「協句，野宜音時預反。」二章「遠送于南」句下，注云：「協句、南、宜音乃林反。」彼所云協句，卽古音也，惟陸德明經典釋文頗不以協句爲然，謂「古人韻緩，不煩改字。」其後南宋吳棫首治古韻之學。本於沈氏協句之說，而作毛詩補音倡「讀詩必叶韻」之說；又本陸氏之說，作韻補，而倡古韻通轉之說；就廣韻二百六部，注「古通某，」「古轉聲通某，」「古通某或轉入某」；雖其分合疏舛，不合於古；然古韻分部之研究，不可謂非吳氏開其端倪也。

c、再進則知叶韻卽古音　自吳氏倡叶韻之說，於是非難之者，紛紛而起；元人戴侗，明人焦竑陳第等，均詆其以今音叶讀古書，漫無標準；而不知可叶者，卽古音也。清人錢大昕潛研堂答問曰：

叶韻實由古今異音而作；而吾謂言叶韻不如言古音。蓋叶韻者以今韻爲宗，而強古人以就今，不知古人自有正音也。古人因文字而定聲音，因聲音而得訓詁，其理一以貫之。漢魏以降，方俗遞變，而聲音與文字漸不相應；賴有三百篇及羣經傳記諸子騷賦具在，學者讀其文可以得其最初之音。……

自叶韻卽古音之說出，遂開清代三百年古韻學之盛；學者自後遂着手於古韻分部之研究矣。

d、最後由研究古韻之分部進而發明陰陽對轉公例　自吳棫倡古韻通轉說之後，漸有着手分古韻部目者，始於宋人鄭庠，至於近代之黃侃；其間以清代學者爲最盛。

大抵古韻單簡，不分四聲。故自鄭庠以下，均以平聲韻爲主，而其他三聲之韻部附焉。及顧炎武倡「入爲閏聲」之說，於是於陰陽二平聲之外，復分入聲若干部，標明其與平聲相通，仍不能獨立也。此爲言古韻分部之先所當知者。今舉歷代分古韻部目之著名者如左：

1鄭庠始分古韻爲六部。　鄭氏首作古音辨，分古韻爲陽、支、先、虞、尤、覃、六部。其書已佚。惟自清人書所引者觀之則知其六部中陰陽二平聲各爲三部，陽聲有入聲，陰聲無之；蓋惟取陸法言韻部幷合之而已；仍未能脫唐韻之科臼也。

2顧炎武分古韻爲十部。　繼鄭氏而言古韻分部者，首推清初顧炎武。顧氏以三十年蒐討之勤，博采周秦時韻文及說文諧聲字以辨唐韻之非古音，而得古音之條理，因作音學五書；（音論、詩本音、易音、唐韻正、古音表）　其古音表共分古韻爲十部，及入聲四部，今舉其首韻爲之標目如左：

平聲　東、支、魚、眞、蕭、歌、陽、庚、蒸、侵、

入聲　質、屋、沃、緝、

此入聲雖分四部，實以「質」合於「支」，「屋」合於「魚」，「沃」合於「蕭」，「緝」合於「侵」；其於入聲之分配多變更唐韻之組織；此江永所以譏其「考古功多，審音功少」也。然清代言古韻者，實本顧氏。

3江永分古韻爲十三部。　江永（愼修）著古韻標準，以三百篇爲主，謂之詩韻，而以周秦以下音

之近古者附之，謂之補韻，視諸家界限較明。其駁正顧氏詩本音處頗多。彼由「眞」部分出「元」，由「蕭」部分出「尤」，由「侵」部分出「覃」，共分古韻爲十三部，入聲八部。今舉其每部之首韻字如左：

平聲　東、支、魚、眞、元、蕭、歌、陽、庚、蒸、尤、侵、覃、

入聲　屋、質、月、藥、麥、職、緝、盇、

其以入聲合附平聲，亦與顧氏不同：如「屋」合於「尤」，「質」合於「眞」，「月」合於「寒」，「藥」合於「魚」，「麥」合於「支」，「職」合於「蒸」，「緝」合於「侵」，「盇」合於「覃」是。

4 戴震分古韻爲九類　江氏弟子戴震作聲類表，分古韻爲九類，合平入兩聲爲二十五部；今舉其類目如左：

㊀歌、魚、鐸、　㊁蒸、之、職、　㊂東、尤、屋、　㊃陽、蕭、藥、　㊄庚、支、陌、

㊅眞、脂、質、　㊆元、月、曷、　㊇侵、緝、　㊈覃、合、

戴氏謂此九類中，一類皆收喉音；二至五類皆收鼻音；六七類皆收舌齒音；八九類皆收脣音。

5 段玉裁分古韻爲十七部。戴氏弟子段玉裁作六書音均表，自謂補前三家之未備，釐平入相配之未確，定古韻爲十七部，入聲八部分隸其中；今舉其每部之首韻目如左：

㈠之職　㈡蕭　㈢尤屋　㈣侯　㈤魚藥　㈥蒸

㈦侵緝　㈧談盍　㈨東　㈩陽　⑪庚　⑫眞質

⑬諄　⑭寒　⑮脂術　⑯支陌　⑰歌

6 孔廣森分古韻爲十八部。戴氏弟子孔廣森作詩聲類，分十八部。孔氏首創陰陽對轉之說，謂陽聲九，陰聲九，此九部各以陰陽相配，可以對轉。今表之如左：

陽聲九類	陰聲九類
原	歌
丁	支
辰	脂
陽	魚
東	侯
冬	幽
侵	宵
蒸	之
談	合

7 嚴可均分古韻爲十六部。　嚴可均作說文聲類，分十六部，於孔氏分類，則並「冬」入「侵」，隸「合」於「談」，而以「侵」與「幽」對轉，「談」與「宵」對轉，蓋所以彌縫詩聲類者。書分上下二篇，據許氏說文以韻分字，凡十六類：

陰聲（上篇）	陽聲（下篇）
之	蒸
支	耕
脂	眞
歌	元
魚	陽
侯	東
幽	侵
宵	談

8 王念孫分古韻爲二十一部。　戴氏弟子王念孫分古韻爲二十一部，見其子引之所著之經義述聞，其部目如次：

東、蒸、侵、談、陽、耕、眞、諄、元、歌、支、至、脂、祭、盍、緝、之、魚、侯、幽、宵、

9 章太炎分古韻爲二十三部。　古韻分部，至近代章太炎氏而集其大成。章氏作成均圖，本孔

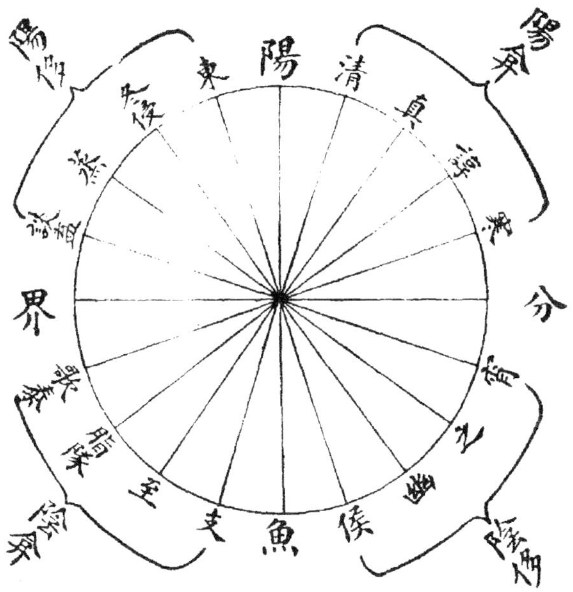

氏陰陽對轉之說，而引申之爲旁轉，交紐轉，隔越轉諸公例。其圖共分古韻爲二十三部，中分陰陽二聲爲兩軸，陰陽各分弇侈四聲；以「陽」「魚」兩部爲陰陽兩軸聲之代表；陽聲爲收鼻音之韻，陰聲爲收喉音之韻。惟鼻音亦有種種分別：如「陽」則爲獨發鼻音，陽弇則須以半「那」字收聲，名上舌鼻音；陽侈則須以半「摩」字收聲，名撮脣鼻音；至陰聲則只收喉音而已，並無他種分別。今繪其圖而說明其圖例如上：

如上圖，陰弇與陰弇同列，陽弇與陽弇同列；陰侈與陰侈同列，陽侈與陽侈同列。

凡二部同居爲近轉，如東、侵、緝、三部是。

凡同列相比爲近旁轉，同列相遠爲次旁轉。

凡陰陽相對爲正對轉，凡自旁轉而成對轉者，爲次對轉。

凡陰陽二聲雖非對轉，而以比鄰相出入者，爲交紐轉。

凡隔軸聲不得轉，然有間以軸聲隔五相轉者，爲隔越轉。

凡近旁轉、次旁轉、正對轉、次對轉，爲正聲，交紐轉隔越轉爲變聲。

此章氏圖例說明也；其中舉例甚多。欲知其詳，可觀章氏文始及國故論衡。

10 黃侃分古韻爲二十八部。　章氏弟子黃侃更於廣韻二百零六部中，考求古本韻，遂於古韻學上別開一途徑。先是章氏嘗謂廣韻分部之多，實因兼包古今異音之故。黃氏受其暗示，即自廣韻二百零六部中，以古本聲十九類（見、溪、疑、端、透、定、泥、來、幫、滂、並、明、精、淸、從、心、影、曉、匣、）考得古本韻三十二個，其中「歌」、「戈」、「曷」、「末」、「寒」、「桓」、「痕」、「魂」八韻古本四部，廣韻以其兼有開合，分之爲八；今仍合之，凡得二十八部。此二十八部中，分陰聲八，陽聲十，入聲十，今摘錄其目如左：

陰聲八　歌、灰、齊、模、侯、蕭、豪、咍、

陽聲十　寒、痕、先、青、唐、東、冬、登、以上收鼻聲。

覃、添、以上收脣聲

入聲十　曷、沒、屑、錫、鐸、屋、沃、德、以上收鼻聲。

合、帖、以上收脣聲。

由上所述十八，皆研究古韻分部之最著者也，其不著名者恕不錄。由此可知古韻分部，由疏漸密，由簡而繁，至近人黃侃之分二十八部極矣。章氏所謂「前修未密，後進轉精，發明對轉，孔氏爲勝」者，卽指此也。

第二節　天然韻母——等韻學

㊀古代五音說爲等韻學之權輿　凡任何韻母，可總括於幾個收聲以內，是爲天然韻母；如英文之 a e i o u，日文之アイウエオ是也。吾國古無韻母，而有五音之說。五音者，含有天然韻母之

意，而亦後代等韻學之權輿也。其口訣爲

欲知宮，舌在中；　欲知商，口大張；　欲知角，舌後縮。
欲知徵，舌抵齒；　欲知羽，脣上取。

此五音實與英文母音之作用相近，後代聲韻分等之說，殆萌芽於此也。

㈡等韻學之意義及其起原．等韻學者，乃綜括聲母韻母分爲四種等呼以切字音之學也。

等韻之學，實起於宋：宋人鑑於廣韻二百零六部中，多異韻同音之字，以爲此等韻部之收聲既相同，自可歸攝爲一類：此卽等韻學上韻攝之所由生也。宋人楊修中切韻指掌圖，實首創此法；（俗稱此書爲司馬光作，非也）其中分韻爲二十圖（計獨韻六圖、開韻七圖、合韻七圖）每類以四等字多寡爲次。其後元人劉鑑本其圖而作四聲切韻指南，分韻爲十六攝，卽以「通」「江」「止」「遇」「蟹」「臻」「山」「效」「果」「假」「宕」「曾」「梗」「流」「深」「咸」十六字爲標目；是爲有韻攝標目之始。所謂韻攝者，卽以同樣收聲之字而攝數個同樣收聲之韻母也；自有此法，則韻母分部益歸於簡易矣。

㈢等韻學上之等呼論　等呼論創自宋人；大依抵其字發聲時口之開合之度，辨其聲之洪細，而分一、二、三、四、四等。其中一二兩等爲開口呼；又以一等爲開口洪音，二等爲開口細音；三四兩等爲合口呼；又以三等爲合口洪音，四等爲合口細音；此等韻學初期之等呼論也。

清初潘耒次耕始打破一、二、三、四等呼之名，而另以開、齊、合、撮四字代表其四種等呼；於是等呼之專名以出。其言曰：

初出於喉，平舌舒脣，謂之開口；舉舌對齒，聲在舌顎之間，謂之齊齒；斂脣而蓄之，聲在頤輔之間，謂之合口；蹙脣而成聲，謂之撮口。

其後李汝珍（字松石，清嘉慶年間人，著李氏音鑑；又著鏡花緣小說，爲最初言女權之書。）有「張」「眞」「宗」「珠」四字之發明；劉熙載（清興化人，著四音定切）有「欸」「意」「烏」「迂」之規定，皆爲代表開、齊、合、撮四等呼之別稱，卽今之注音字母中ㄚ、ㄧ、ㄨ、ㄩ四母，亦代表四等呼之韻母也。「欸」「意」「烏」「迂」四音，能統攝一切字音。學切音者，欲知字音開口（一名開口正音）齊齒（一名開口副音）合口（一名合口正音）撮脣（一名合口副音）四呼之別，非以此四音試之不可。此四音殆與西方拚音文字國之母音相等；亦卽本節之所謂天然韻母也。

㈣**等韻切音法**　凡切音須以兩字相切；切上一字必與所切之字同聲母，下一字必與所切之字同韻母。聲母須辨清濁，韻母須辨等呼，大抵切清聲字，須用清聲母；切濁聲字須用濁聲母。至於切開口字，須用開口韻母；切合口字，須用合口韻母；推之切齊撮兩呼之字亦然。此依等韻切字之方法也。

第六章　反切

第一節　反切的起原

㈠反切二字之意義　李氏音鑑曰：『反者，覆也；（毛詩衞風箋）切者，摩也；（淮南子原道訓注）所謂反切者，蓋反覆切摩而成其音之義也。』元人劉鑑玉鑰匙云：『反切二字本同一理；反卽切也，切卽反也，皆可通用。故諸書或言「反」，或言「翻」，或言「切」，無別也。』反切二字之意義如此。

㈡未有反切以前之讀音法　古人未知反切之法，其於字音之不能直接讀出者，則用假借譬況之法以濟其窮。陸德明經典釋文敍錄曰：「古人音書，止爲譬況之說。」譬況者，比方爲音也。陳澧切韻考曰：「古人音字，但曰讀若某讀與某同。」可見古人遇難讀之字，不能直接以他字音之者，則以「讀若」「讀如」「讀爲」等法救濟之；此卽所謂假借譬況之說也。

㈢**自反與雙反之例證**　反切雖起於漢魏時代，然自是以後，學者推及吾國文字如形聲一類之字，有所謂自反者。有所謂雙反者。兩字連用之語，有所謂雙反者。今各舉數例如左：

a **一字之自反**　顧氏音論舉北齊濟南王初學反語於「跡」字下，注云「自反」，遂推及他字亦有之。如

跡足亦反　矧矢引反　娘女良反　舒舍予反　諐侃言反　卽古「愆」字

挻手延反　盲目亡反　眇目少反　欽欠金反

b **兩字之雙反**　顧氏又舉南北朝人兩字雙反之說；如史載晉孝武帝作清暑殿，反「清暑」爲「楚聲」；宋袁粲舊名「袁愍」，雙反爲「隕門」；劉悛名舊「劉忱」，雙反爲「臨讎」；齊世祖立「舊宮」，雙反爲「窮廐」；齊文惠太子立樓曰「東田」，雙反爲「顚童」；梁武帝開「大通」門，取其雙反爲「同泰」而作同泰寺；陳後主名叔寶，雙反爲「少福」；唐高祖改元「通乾」，以兩字雙反爲「天窮」，停之。由此可見中古以後好用反切之習矣。

㈣**反語之最早的起原**　反切雖起於漢末，而其事在古卽有之，宋人沈括夢溪筆談謂古語已

有二聲合一字者。如

不可——叵音頗　　何不——盍　　如是——爾

而已——耳　　之乎——諸

南宋鄭樵亦謂慢聲爲二，急聲爲一；例如慢聲爲「之焉」急聲爲「旃」；慢聲爲「者與」急聲爲「諸」；慢聲爲「而已」急聲爲「耳」；慢聲爲「之矣」急聲爲「只」。

然沈鄭二氏所舉之例。尚就虛字之緩急二讀而言耳。若觀顧炎武音論所舉之例，不獨虛字如此，卽實字亦然。如詩「牆有茨」注「茨，蒺藜也，」「蒺藜」正切「茨」字；又詩「八月斷壺，」注「壺，今稱葫蘆，」「葫蘆」正切「壺」字；又左傳「牽甲則那，」注「那，奈何也。」「奈何」正切「那」字；又左傳「穀丘」一作「勾瀆」之丘，「勾瀆」正切「穀字，」又左傳稱「邾婁，」至戰國則稱「鄒」；「邾婁」正切「鄒」字；又左傳「吳子壽夢，」史記作「吳子乘，」「壽夢」正切「乘」字；莊子稱「楊子居，」孟子則稱「楊朱，」「子居」正切「朱」字。他如「不聿」之切「筆」，「於菟」之切「虎，」「和同」之切「降，」「僻倪」之切「陴，」……皆是。可見周秦以前，雖無反切之名，已有反切之實矣。

㈤反語起於孫炎以前　自顏之推家訓音辭篇謂「孫叔然即孫炎字創爾雅音義，是漢末人獨知反語，至於魏世，此事大行。高貴鄉公不解反語，時人以爲怪異」。後人遂認孫炎爲反切之始祖；然證之古書，其說尚未盡合，近人章太炎謂東漢末應劭已用反語，則反切非始於叔然也。其言曰：

經典釋文序錄錄王肅周易音之反語至十餘條。孫叔然受學於鄭玄之門人，而肅不好鄭氏之學，假令反語始於叔然，王氏豈肯用其術乎？又尋漢書地理志梓潼下，應劭注：「潼水所出，南入墊江，墊音徒浹反。」遼東郡沓水下，應劭注「沓音長答反。」是應劭時已有反語，則起於漢末也。

由此可見反切實起於孫炎以前，炎不過集其大成耳。

第二節　反切的方法

㈠反切之原理本於雙聲疊韻　反切雖起於漢末，其原理則自古已有之。蓋雙聲疊韻之聯語，原於疊字之轉變其衍一爲二，與反切同理。張文澍論雙聲疊韻曰：

疊字之義，不殊一字；斯雖異文，亦無分義。疊字之本，原於一文；雙聲疊韻，亦無二本，故「悉蟋」之本爲「蟋」，「黽勉」之本爲「勉」，「椒聊」之本爲「椒」，「般桓」之本爲「般」。本則一音，迤而爲二；合讀二音，還歸於一。大率雙聲之本在下，疊韻之本在上；以其衍爲二，理同反切。以雙聲爲切語讀之，則音同下字；故「悉蟋」蟋也；黽勉，勉也；燕婉，婉也；麗廔，廔也；歷錄，錄也；蠛蠓，蠓也。以疊韻爲切語讀之，則音同上字；故椒聊，椒也；般桓，般也；童蒙，童也；果贏，果也；尫隤，尫也；專與，專也。故此二者，一字爲主，一字爲從；主必有字，從則或造專文，或憑假借。上所取證，以假借爲明，若蝃蝀，霢霂，嗟峨，蜾蠃，則從亦有文。假借爲正，專文爲變；以其取用惟在一字故也。

由此可見吾國古時亦有二合之音；雙聲疊韻，類以兩字合成一名，則猶反切之以兩字之音合成一字之音也。

㈢**反切之方法** 反切者，以二字切成一字音之謂也。其理既基於雙聲疊韻，復與等韻之學一貫，故其方法亦可由此推出。黃侃音略曰：

反切之理，上一字是其聲理不論其爲何韻；下一字是其韻律，不論其爲何聲。質言之，卽上一字只取其發聲，去其收韻（卽收聲）下一字只取收韻，去其發聲；故上一字定淸濁，下一字定開合。假令上一字爲淸聲，而下一字爲濁聲，切成之字，仍淸聲，不得爲濁聲也。假令下一字爲合口，而上一字爲開口，切成之字，仍合口也。

由此可知反切之上一字必與所切之字同聲，換言之，卽同爲雙聲也；下一字必與所切之字同韻，卽同爲疊韻也。

㈢反切之原則　由上所述，而得反切之原則五條，今分述之如左：

a 反切上一字爲所切字之發聲，故必與所切字同聲；下一字爲所切字之收聲，故必與所切字同韻。如

公、古紅切。　「古」「公」同屬「見」母；「紅」「公」同在「東」韻。

知、陟離切。　「陟」「知」同屬「知」母；「離」「知」同在「支」韻。

b 反切上一字，既與所切之字同聲，則必同淸濁。如

東、德紅切。　「東」「德」皆清聲，同屬「端」母。

同、徒紅切。　「同」「徒」皆濁聲，同屬「定」母。

c　反切下一字既與所切之字同韻，則其四聲亦必同。如

東、德紅切。　「東」「紅」皆平聲，同屬「東」韻。

董、多動切。　「董」「動」皆上聲，同屬董韻。

送、蘇弄切。　「送」「弄」皆去聲，同屬「送」韻。

屋、烏谷切。　「屋」「谷」皆入聲，同屬「屋」韻。

d　反切上一字不論四聲，下一字不論清濁。如

東、德紅切。　東平德入，在所不拘。

東、德紅切。　東清紅濁亦所不拘。

e　反切下一字既取同韻，故其結合韻母必與所切之字同一等呼。如

知、陟離切。　「離」「知」皆齊齒呼。

腄竹垂切。「垂」「腄」皆撮脣呼。

知此五原則，則於反切之理，思過半矣。

㈣反切上下兩字有同用互用遞用之例。茲分左列兩項舉例如左：

a 反切上一字同用互用遞用之例 如

冬、都宗切；當都郎切。同用「都」字。

當、都郎切；都、當孤切。「都」「當」二字互用。

冬、都宗切；都、當孤切。「冬」用「都」字，而「都」復用「當」字，是爲遞用。

b 反切下一字同用互用遞用之例 如

東、德紅切；公、古紅切。同用「紅」字。

公、古紅切；紅、戶公切。「紅」「公」二字互用。

東、德紅切；紅、戶公切，「東」用「紅」字，而「紅」復用「公」字，是爲遞用。

㈤反切之音和與類隔　反切之上一字，既與所切之字同聲同清濁，下一字復與所切之字同

韻同等呼，毫無絲毫乖牾者，謂之音和。如

知、陟離切。「陟」與「知」同爲淸聲；「離」與「知」同爲齊齒呼。

公、古紅切。「古」與「公」同爲淸聲；「紅」與「公」同爲合口呼。

類隔者，多由聲母剛柔通轉或發聲部位之通轉而生；又因古今聲音變遷，前人作反切時，本可依聲一切便出，今則因聲母讀法不同，遂覺其扞隔而不可通；此類隔之所由生也。例如

江韻——椿都江切；「椿」現屬「知」母發聲；而前人讀「知」母之聲，如端母之「都」，故以「都」切「椿」，在當日爲音和，在今日遂覺其類隔耳。

蓋古音，「知」「徹」「澄」「娘」本讀如「端」「透」「定」「泥」；「非」「敷」「奉」「微」本讀如「幫」「滂」「並」「明」；當作反切時，音本諧和，今則遂成類隔，非古音自有類隔也。此卽發聲部位通轉之例。

又如行，戶庚切。「戶」屬「匣」母，如讀柔聲，則切爲「行履之行；」如讀剛聲，則切爲「行列之行；」此則因聲母剛柔通轉而成類隔之例也。

由上所述，可見古今反切不同之故矣。

第三節　反切的流弊及其改進

㈠反切之流弊　由上節所述，反切上一字爲所切字之發聲，下一字爲所切字之收聲，兩相拼合以成一音，理至明顯；然學者有尋研至於白首而不得其解者，則以前此反切之法未臻完善也。其法既不完善，故其流弊因之而起；約言之，則有四點：

a 反切用字太繁　反切上一字爲聲類之標目，下一字爲韻部之標目；則宜每聲各取一字，每韻每等各取一字，舉凡同聲同韻者，皆以此所定之字爲切語標準；學者只須熟記此種音標，即能切無窮之字，法之簡捷，無過於此。乃自漢魏以迄隋唐，作者多家，各不相謀，用字未能畫一，繼起者又多更易舊文，獨標新切；故陸法言纂集切韻，於同紐同韻同等之字，反切用字多不相同。今考廣韻反切用字，上一字有四百五十二，下一字有一千零三十一，合之爲一千四百八十三字；是欲明反切，非先熟記此一千四百餘之反切用字不可。此其弊一。

b 上下兩字不能連讀　反切者，連讀二字以成一音；上字當有聲無韻，下字當有韻無聲；其上不收，其下直接，方可相切而成音。乃前人作反切者，不慮及此；上字聲中雜韻，下字韻中雜聲，名爲兩合，實同四合，中有梗塞，難以相切。例如都，東姑切；東姑兩字，各有一聲一韻，以切「都」字，極其困難；以圖明之，則爲

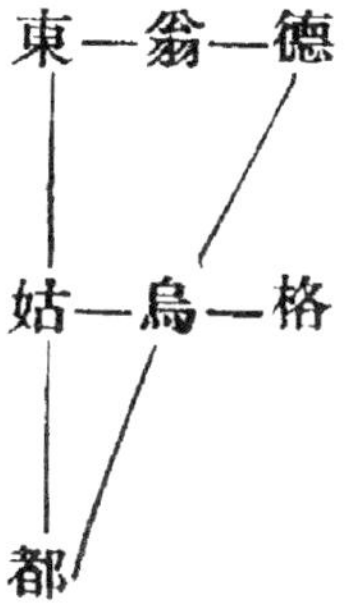

此中「都」字有兩聲（德格）兩韻（翁烏），必先以「德翁」二字切「東」，「格烏」二字切「姑」，然後可勉強切出「都」字，豈非聲中雜韻，韻中雜聲之四字切音乎？其不便孰甚；（若以「德烏」二字切「都」，則直接爲兩合音矣）此其弊二。

c 字形茂密隱晦　音符形式，最貴簡易；如彼西文，合音成字，即字成音；而字母形式，又極單簡。我國文字既無字母，別作音符，已屬勉強；乃切音符號，仍用茂密之漢字，豈非益增困難？且有時以平常之字不足用，反用隱晦難識之字；不但所切之字不易認識，即此上下兩字亦不易識；難上加難，莫此爲甚。此其弊三。

d 切字讀音漫無標準　除上述三弊外，猶有一大弊焉：即切字自身讀音，往往隨方音而異，無一定之標準也。因此古時切語，既不適用於今；甲地人所定反切，亦不能通用於乙地。此其弊四。

由上述四弊，可知反切難解之原因，有待於後人之救正矣。

㈡潘李二氏之合聲反切法　反切既有種種流弊，前人亦頗見及，而思所以改之；如清初潘耒類音及李光地音韻闡微均提出改良反切之法；彼等以為反切所以難解者，皆由發聲收聲之間，口舌地位，須常變換；例如「奴顛」切「年」，「年」為齊齒呼，「奴」為合口呼，「顛」又發聲於舌頭；口舌變換愈多，切成一字愈難；於是創合聲反切法以救其弊。各法於反切之上一字統用「支」「微」「魚」「虞」「歌」「麻」等韻之字，下一字統用其韻中「影」「喻」二紐之字；以「支」「微」諸韻之字收聲於喉，所謂陰聲字也，即發音學中之含有單純母音者。「影」「喻」二紐，等韻學者亦稱為喉音，即發音學中之韻母；如此將兩字連讀，口舌位置變換愈少，可以祛上下二字不能連讀之弊。今取二子所定新反切，舉例如左：

a 潘氏所改者，如

先，蘇前切，改薛烟切。

田，徒年切，改垤延切。

b 李氏所改者，如

公，古紅切，改姑翁切。

窮，渠弓切，改渠融切。

堅，古賢切，改基烟切。

惟潘李所改，雖較舊法爲良，顧猶有窒礙之處，有時或有音無字，如「影」「喻」兩紐之字，非每韻皆有；或雖有字，而隱晦難識；於是或出於借用，或徑用僻字；借用則音有未合，僻字則人多不識；此仍有待於改良者也。

總之反切之弊，待注音字母出，始完全革除，今試改數字以示例。如

謨，莫胡切，改ㄇㄨ

黎，郎奚切，改ㄌㄧ

遭，作曹切，改ㄗㄠ
孫，思渾切，改ㄙㄨㄣ
年，奴顛切，改ㄋㄧㄢ
科，苦禾切，改ㄎㄨㄛ

第四節　注音字母之制定

㈠**注音字母發生之原因**　注音字母之產生，醞釀於清季，而成熟於民國，至其產生之原因，可分爲左列數點，略述之。

a **方言之不便**　吾國方言種類繁多；章太炎將吾國語言分爲十類，黎錦熙又依江湖流域分爲十二系，（見前）而同屬一類一系之中，又復紛紜錯雜，不可究詰；語言扞隔之病，至近代交通頻繁而益著，啓外人譏笑；識者益知統一語言之不容緩。惟統一語言，當以國音爲標準，注音字母，遂應運而生矣。

b 普及教育之困難　吾國言文紛歧，實由讀音不能統一之故，國人識字者，據多數調查百人中不過二十人耳。今欲普及教育，當設法減除識字之困難；注音字母之要求，即在使漢字易於認識，而讀音歸於一致也。

c 語體文學之需要　元明以來，語體文漸流行於世，十餘年來，除國語教育外，又有所謂新文學運動，即廢止文言，改用白話也。爲普及教育計，必使言文合一以便學習。然吾國方言複雜，苟各用其方言以爲之，則原藉文字以爲維持統一之具者，反因以失其功用；故改用語體文不能不與統一國語相輔而行；而注音字母之應用益廣矣。

d 拚音文字之啓示　近數十年西方文化輸入我國，彼方教士，至以西文拚我國字音，國人大受激刺，不但西方拚音文字較漢字爲易識，即日本之假名注音，亦較漢字爲易記；相形見絀，自不能不注意於改良文字。急進者，且欲廢漢字，而用拚音文字；稍和緩者，亦主張先用注音以濟漢字之窮；此注音字母所以應運而起也。

e 簡字試驗之促進　國人因感於識字之困難，遂多製字母以代之；其見諸實行者，最早有王照之官話字母，行於天津、北平一帶；後則有勞乃宣之簡字，行於浙江一帶。勞氏據王氏字母定京音（即北平）五十母十二韻；甯音（即南京）五十六母十三韻；吳音（即蘇州）六十三母十八韻，閩廣音八十三母，二十韻。光緒季年，江蘇、直隸、奉天諸省曾將此等簡字推行傳習，勞氏曾上其簡字於學部，請頒行天下，時人對之懷疑者甚衆，故卒未能通行。蓋簡字之優點，在隨地拼音易於傳習；而反對者亦即因此，以爲隨地造字，使全國方言愈不能統一；然注音字母之產生，勞氏簡字，實其先導也。

由上所述，可知注音字母發生之原因，總言之，不外適應近代社會之需要而已。

(二)注音字母之制定 先是清季宣統元年，學部奏報分年籌備國語教育事宜，而延不實行。二年，資政院議員江謙等因提議質問學部，嚴復又有審查採用音標之報告。於是由勞乃宣隨地拼音之簡字問題，一轉而爲統一國語之音標問題矣。三年，學部中央教育會又議決統一國語辦法。此皆注音字母醞釀於清季之經過也。

民國二年春間，教育部有讀音統一會之召集，徵集全國音韻學者，議定音標，按字審音，惜用多數表決之手續，不適於討論學術，因之結果未能盡如人意，然三十九個注音字母，卒由是規定。四年，經會員王璞等數次呈請頒行，教育部始開辦注音字母傳習所；六年，全國教育聯合會議決請教部推行字母；七年，教部始將三十九注音字母正式公布。九年五月，教部國語統一籌備會議決增一「ㄜ」母，配置「ㄛ」母之下，亦卽公布。於是此四十個注音字母，遂確定爲統一國語之惟一音符矣，今列舉此四十個注音字母如左：

a 二十四個聲母

甲團：

ㄅㄆㄇㄈㄪ　以上爲脣聲

ㄉㄊㄋ　以上爲舌尖聲　ㄌ　此爲舌邊聲

ㄍㄎㄫ　以上爲舌根聲　ㄏ　此爲淺喉聲

乙團：

ㄐㄑㄬㄒ　以上爲舌前聲

ㄓㄔㄕㄖ　以上爲舌葉聲

ㄗㄘㄙ　以上爲齒頭聲

此二十四聲，自ㄅ至ㄏ共十三個爲甲團，以收聲於「歌」韻之入聲者爲主，後加之韻母ㄜ亦然。

自ㄐ至ㄙ共十一字爲乙團，以收聲於「文」韻者爲主。

b 三介母

一 齊齒呼　ㄨ 合口呼　ㄩ 撮脣呼

c 十三個韻母

ㄚ ㄛ ㄝ 以上爲獨母　ㄜ 由ㄛ母分出

ㄞ ㄚ一　ㄟ ㄛ一　ㄠ ㄚㄨ　ㄡ ㄛㄨ　以上爲複母

ㄢ ㄚㄋ　ㄣ ㄛㄋ　ㄤ ㄚㄫ　ㄥ ㄛㄫ　以上爲附屬聲母之韻母兼鼻音

ㄦ 以上爲東方獨有之韻母

㈢注音字母之用法　注音字母本爲改良反切而制定，應用西文拼音之理，參以吾國舊有之聲韻二母，而定爲簡單之音符，以便注音之用也。其注意之法有三：

a 用一母注音法　此法復分爲三，即：

1 單用聲母注音。　如茲ㄗ疵ㄘ私ㄙ等是。

2 單用介母注音 如五(ㄨ)一(ㄧ)迂(ㄩ)等是。

3 單用韻母注音 如哀(ㄞ)呵(ㄛ)等是。

b 用二母注音法 此法復分爲三。卽：

1 用一聲母及一韻母注音 如章(ㄓㄤ)太(ㄊㄞ)炎(ㄧㄢ)等是。

2 用一介母及一韻母注音 如汪(ㄨㄤ)王(ㄨㄤ·)等是。

3 用一聲母及一介母注音 如畢(ㄅㄧ)地(ㄉㄧ)等是。

c 用三母注音法 此法只有一，卽：

用聲介韻三母各一注音 如國(ㄍㄨㄛ)東(ㄉㄨㄥ)等是。

以上六種方法，爲注音之最普通者。至每字之四聲讀法，則於字之四角作黑點爲記。其點法，陰平不點；陽平，則點於左之下；上聲，點於左之上；去聲點於右之上；入聲點於右之下耳。

㈣國音二十四聲母與守溫三十六母對照表 注音字母之二十四聲母多由守溫三十六母蛻化而出。其字多取古字以表音，其與三十六母之關係，可按圖索驥，然亦有損益廢置者。今先以每字對照以索其源，然後列表於後：

ㄅ　包本字，與「幫」雙聲，用爲表「幫」母各字之聲母。

ㄆ　普末切，與「滂」雙聲，用爲表「滂」母各字之聲母。

ㄇ　冪本字，與「明」雙聲，用爲表「明」母各字之聲母。

ㄈ　府良切，與「非」雙聲，用爲表「非」母各字之聲母。

ㄪ　同「萬」，與「微」雙聲，用爲表「微」母各字之聲母。

ㄉ　卽「刀」字，與「端」雙聲，用爲表「端」母各字之聲母。

ㄊ　同「突」，與「透」雙聲，用爲表「透」母各字之聲母。

ㄋ　卽「乃」字，與「泥」雙聲，用爲表「泥」母各字之聲母。

ㄌ　卽「力」字，與「來」雙聲，用爲表「來」母各字之聲母。

ㄍ　古「澮」字，與「見」雙聲，用爲表「見」母開合呼（卽見母剛聲），各字之聲母。

ㄎ　苦浩切，與「溪」雙聲，用爲表「溪」母開合呼（卽溪母剛聲）各字之聲母。

ㄫ　五忽切，與「疑」雙聲，用爲表「疑」母開合呼（卽疑母剛聲）各字之聲母。

ㄏ　呼旰切，與「曉」雙聲，用爲表「曉」母開合呼（卽曉母剛聲）各字之聲母。

ㄐ　「糾」本字，亦與「見」雙聲，用爲表「見」母齊撮呼（卽見母柔聲）各字之聲母。

ㄑ　古「畎」字，亦與「溪」雙聲，用爲表「溪」母齊撮呼（卽溪母柔聲）各字之聲母。

ㄬ　魚檢切，亦與「疑」雙聲，用爲表「疑」母齊撮呼（卽疑母柔聲）各字之聲母。

ㄒ　古「下」字，亦與「曉」雙聲，用爲表「曉」母齊撮呼（卽曉母柔聲）各字之聲母。

ㄓ　「之」本字，與「照」雙聲，用爲表「照」母各字之聲母。

ㄔ　同「躑」，與「穿」雙聲，用爲表「穿」母各字之聲母。

ㄕ　式之切，與「審」雙聲，用爲表「審」母各字之聲母。

ㄖ　卽「日」字，用爲表「日」母各字之聲母。

ㄗ　古「節」字，與「精」雙聲，用爲表「精」母各字之聲母。

ㄘ　卽「七」字，與「清」雙聲，用爲表「清」母各字之聲母。

ㄙ　古「私」字，與「心」雙聲，用爲表「心」母各字之聲母。

【附注】

1　注音字母以北音爲主：北音無「羣」「定」「澄」「從」「牀」諸濁母，故注音字母亦删除之。

2　「見」「溪」「疑」「曉」四母各有二母，因此四母之發聲，除閩廣等處外，其餘各處，剛聲與柔聲，亦略有分別，故用「ㄍ」、「ㄎ」、「ㄫ」、「ㄏ」表剛聲；用「ㄐ」、「ㄑ」、「ㄬ」、「ㄒ」表柔聲。

3　「非」、「敷」二母，發聲極相似，若細別之，則讀「非」母字，上齒切脣宜疏；讀「敷」母字，上齒切脣宜密；因「非」爲「幫」之變聲，「敷」爲「滂」之變聲也。惟普通皆不能分別，故概用ㄈ母。

4　「清」與「從」、「心」與「邪」、「知」與「照」、「澈」與「澄」，今音發聲無從分別，故合幷爲一母。

5「娘」母無字者，因幷於「疑」母之「ㄬ」也；「影」母本是母音，故無此母；「喻」母則因其爲「影」之濁，故删除之。

二十四個注音聲母與守溫三十六母對照表

見	ㄐㄍ	端	ㄉ	知	照	ㄓ	精	ㄗ	幫	ㄅ	非	ㄈ	曉	ㄒㄏ		
溪	ㄑㄎ	透	ㄊ	徹	穿	ㄔ	清	ㄘ	滂	ㄆ	敷		匣			
羣		定		澄	牀		從		並		奉		影			
疑	ㄬㄫ	泥	ㄋ	娘		ㄬ			明	ㄇ	微	ㄪ	喻			
		來	ㄌ		審	ㄕ	心	ㄙ								
					禪											
					日	ㄖ	斜									

⑤國音介母韻母與廣韻部目對照表　國音中之介母韻母各字亦係取古字以表音。其中介母三個，係受等韻學之影響，用以表齊、合、撮三呼之收聲，所謂「介」者，謂其介於聲母與韻母之間，

既可用爲聲母，亦可用爲韻母。此種介母與韻母，殆括廣韻二百零六部同音異韻之字而爲一種韻攝也。今分字述之如左，然後列爲對照表如後。

一　即一字，與「基」「機」等疊韻，用爲表「支」「微」「齊」韻平上去三聲，及入聲「質」「物」「陌」「錫」「職」「緝」等韻中齊齒呼各字之韻母。又凡齊齒呼之字，用以爲介母。

ㄨ　古「五」字，與「初」「疏」等疊韻，用爲表「魚」「虞」韻平上去三聲，及入聲「屋」「沃」「質」「物」「月」各韻合口呼各字之韻母。又凡合口呼之字，用以爲介母。

ㄩ　丘魚切，與「魚」「虞」等疊韻，用爲表「魚」「虞」韻平上去三聲，及入聲「屋」「沃」「質」「物」「陌」「錫」「職」各韻中撮口呼各字之韻母。又凡撮口呼之字，用以爲介母。

ㄚ　於加切，與「佳」「麻」疊韻，用爲表「佳」「麻」韻平上去三聲，及入聲「日」「曷」「黠」「合」「洽」各韻中一部分之韻母。

ㄛ　古「呵」字，與「歌」疊韻用為表「歌」韻平上去三聲，及入聲「覺」「質」「月」「曷」「屑」「藥」「陌」「職」「合」各韻中一部分之韻母。

ㄝ　即「也」字，與「遮」「車」等疊韻，用為表「麻」韻平上去三聲及入聲「物」「月」「屑」「葉」各韻齊齒撮口呼各字之韻母。

ㄜ　此為新加韻母，用為表入聲「質」「職」「陌」「月」諸韻中開口字之韻母。

ㄞ　古「亥」字，與「乖」「該」等疊韻，用為表「佳」韻平上去三聲及「灰」韻平上去三聲開口呼各字之韻母。

ㄟ　「迻」本字，與「龜」「歸」「圭」等疊韻，用為表「支」「微」「齊」「灰」平上去三聲各字之韻母。

ㄠ　於堯切，與「蕭」「肴」「豪」疊韻，用為表「蕭」「肴」「豪」韻平上去三聲各字之韻母。

ㄡ　即「又」字，與「尤」疊韻，用為表「尤」韻平上去三聲各字之韻母。

ㄢ　乎感切，與「先」「覃」等疊韻，用爲表「寒」「删」「先」「覃」「鹽」「咸」諸韻平上去三聲各字，及「元」韻平上去三聲一部分之韻母。

ㄣ　古「隱」字，與「眞」「文」等疊韻，用爲表「眞」「文」「侵」諸韻平上去三聲各字，及「元」韻平上去三聲一部分之韻母。

ㄤ　同「尪」，與「江」「陽」疊韻，用爲表「江」「陽」平上去三聲各字之韻母。

ㄥ　古「肱」字，與「東」「庚」等疊韻，用爲表「東」「冬」「庚」「青」「蒸」諸韻平上去三聲各字之韻母。

ㄦ　同「人」字，本當爲「支」韻中「日」紐各字之韻母，惟今已不用；因北京語多於事物名稱下用「兒」字爲語尾，因加此韻母。

國音介韻二母與廣韻部目對照表

國音韻母	廣韻部目
一	支、脂、之、微、齊、祭、廢、
ㄨ	模
ㄩ	魚、虞、
ㄚ	麻
ㄛ	歌、戈、
ㄜ	入聲質、職、諸韻開口字
ㄝ	麻韻中車、遮、者、蛇、等字
ㄟ	灰
ㄞ	佳、皆、咍、泰、夬、
ㄠ	蕭、肴、宵、豪、
ㄡ	尤、幽、侯、
ㄢ	元、寒、桓、刪、先、仙、等韻
ㄣ	眞、諄、臻、文、殷、魂、痕、侵、
ㄤ	江、陽、唐、
ㄥ	東、冬、鍾、耕、庚、清、青、蒸、登、
ㄦ	支脂二韻中之兒、耳、二、等字

附注

本表中「麻」韻在隋唐時與「歌」「戈」同讀，故「歌」「麻」二韻可以相通，楊中修之切韻指掌圖，尚以「歌」「麻」合為一攝。（一攝，猶一類也）然自南渡以後，音漸乖分「歌」「戈」

仍讀爲o，「麻」韻則轉爲a，故元人劉鑑之切韻指南分「果」「假」二攝。今世方音，讀「麻」韻爲o母音者，雖尙有之，而大多數皆讀a母音，北音亦然，故注音字母亦分ㄛㄚ二母。北音讀「麻」韻中之「車」「遮」「者」「蛇」等字，不作a音，故別制一「ㄝ」母，此爲北音轉異之處，中部南部，皆無此音也。

「泰」「夬」「祭」「廢」四韻，古音爲a母音，陸法言猶知之，故此四韻有去聲而無平上，與「齊」「佳」諸韻迥異。然許敬宗已以「霽」「祭」同用，「卦」「怪」「夬」同用，則唐代或已讀「泰」「夬」爲ai母音，「祭」「廢」爲i母音矣。今世方音，惟「泰」「夬」間有讀a母音者。然大多數皆讀母ai音；「祭」「廢」則無不讀i母音者，故注音字母，「泰」「夬」亦讀若ai，「祭」「廢」亦讀若i。

「侵」「覃」等韻之收鼻音，今世除廣東外，其他各處，皆讀若n音，與「眞」「寒」相同，故注音字母，「寒」「覃」皆爲ㄢ，「眞」「侵」皆爲ㄣ。

「冬」「東」「鍾」之與「庚」「耕」「清」「眞」「蒸」「登」母音實不相同，而北人則謂「東」「冬」諸韻爲「庚」「蒸」之合口．故自明以來，等韻學家多以「冬」「東」，與「蒸」「庚」同攝，注音字母亦沿用之。

「支」「脂」「之」諸韻中「兒」「耳」「二」等字，以其母音之「一」讀時頗不顯明，於是別製一「儿」母。

母音之「一乂凵」三介母，爲齊、合、撮三呼之介字，所以救濟二合音之窮也。

由上列兩表及其附注，可以知注音字母之來歷及其應用矣。

第三篇　字形

第一章　字形的起原

㈠字形起原之步驟　言造字者，均托始倉頡；其實倉頡以前。即有種種之單簡附號，（如八卦是）倉頡不過應乎人事之需要，整理固有之符號，加以創製而已。故荀子曰「古之爲書者衆，而倉頡獨傳。」即其證也。茲依其發生之步驟，述之如左：

a、結繩時代　結繩實始於伏羲以前之漁獵時代。（說文敘稱神農結繩爲治，其實結繩還在神農以前，不過神農之世，仍沿用之耳。）蓋伏羲以前，漢族尚營漁獵時代之生活，其時所需要者，記弋得禽獸隻數之附號耳，劉師培曰：「結繩之字已不可考，然觀古文「弌」「弍」「弎」等字皆係結繩時代文字之遺。」蓋爾時獵得禽獸，即結繩爲號，懸於「弋」形之架，徵之近代未開化之民族，均有此習。胡以魯曰：「結繩爲漁獵時代之具，今台灣生番多以記事珠懸於「弋」形之架，即古結繩之遺也。」據此，雖不得謂結繩即文字，然不可謂其無文字之意；鄭康成曰：「事大，大結其繩；事小，小結其繩。」以意揣之，殆非記事，不過記漁獵所得之數耳；所得者大，則大結其繩；所得者小，則小結其繩；可知結繩時代，實爲文字胚胎時代。

b、畫卦時代　人類社會至伏羲時代，始由漁獵生活進而爲畜牧生活；故伏羲始造網罟以供田漁之用；始豢家畜以供庖廚之需。此時既進而畜牧，則結繩之制，已漸不適用；且人類此時畜牧須逐水草而居，則對於自然界之天時地利以及氣候變遷，不能不有相當之認識；故伏羲應乎此時代之需要，進而仰觀象於天，俯觀法於地，視鳥獸之文與地之宜，近取諸身，遠取諸物，於是始畫八卦，以通神明之德，以類萬物之情，且以代結繩之治。八卦者，八種自然形象之符號也，其中如坤☷坎☵離☲等卦，且爲後世「巛」「水」「火」等字之起原；是此時人類對於事物之意象，較結繩時代爲進步矣。故畫卦時代，可名爲文字萌芽時代。

c、書契時代　伏羲以後，經千餘歲，至神農氏，人類生活由畜牧時代而進於農業時代，再經數百年至軒轅氏，始由部落政治而進爲封建式之國家；其時庶物綦繁，不但結繩不適於用，卽由畫卦以後所起之符號，亦嫌不足；且黃帝旣設左右史官，以倉頡爲左史，沮誦爲右史，左史記言，右史記事，而記言較記事尤難，決非固有之簡單附號所能集事，故不得不造字而用書契；是爲文字制作時代。

總此三時代之史迹觀之，則知吾國文字，遠有來原，決非倉頡一人之力所能獨造，謂其集符號之大成則可；謂一切文字均託始於倉頡則不可。

㈠倉頡之書多爲初文　倉頡之初作書，實依類象形，蓋於六書之中，僅有「指事」「象形」二書也。指事多爲古代符號之變，象形則爲古代圖畫之變，（說詳後）此兩書之字形，均極單簡，準以近代文字學之見解，彼之所造，殆「文」letter 而非「字」Word 也。章太炎以說文中之獨體字，名曰初文；其諸省變及合體象形指事及形體殘缺者，謂之準初文。（準、猶副也）說文中初文與準初文之數，不過五百餘；此五百餘之文，殆卽倉頡所造者與？大抵倉頡所造之書最古，故後世稱之曰古文；又以其字多象形，故亦稱象形文字；又以其字形如蝌蚪，故亦稱蝌蚪文。然其後變遷甚多，殊文百出，漢人遂以倉頡以後古文之變體，統名之曰古文奇字云。

第二章　字形的變遷

第一節　結繩

易繫辭曰:「上古結繩而治,後世聖人易之以書契。」九家易云:「古者無文字,其有約誓之事,事大,大其繩;事小,小其繩;結之多少,隨物多寡。」此二說均以結繩起於上古,而不明言其起於上古之何時,惟許氏說文敍則云:「伏羲畫卦,神農結繩、黃帝造書契。」是許氏認結繩在畫卦之後矣;然徵之人類進化之歷史,結繩爲具體符號,用表漁獵所得之數,宜在畫卦之先;至于畫卦,則爲抽象符號,似適應畜牧生活之需要而作,決不能早於結繩之制也。伏羲既畫卦矣,而神農之世猶用結繩者,此則新法雖出,而舊法不可盡廢,仍有沿用之者,無足異也。

吾人雖不能考見結繩之形狀,然從文字體制上觀察,頗有自結繩而來者;鄭樵之「起一成文圖，」或可認爲結繩之遺。今舉數字例如左：

一　即是繩之橫者，畫卦則取之以表「天，」故說文解之爲「道，」老子所謂「道生一」也。

二　以兩繩相並則爲「二，」故說文解爲「地」之數。

囘　古文「回」字，象一氣回轉之形，屈曲其繩則爲囘，此即結繩之遺也。

ㄙ　古文「厷」，象形，屈曲其繩，則爲「ㄙ」，此亦結繩之遺也。

以上爲獨體，其爲合體字之模型者，則有如

「𠄞」「𠄟」　古文「上」「下」，合兩畫成文，似以長短兩繩之位置，表「上」「下」二字之概念，亦結繩之遺也。

⊖　太陽之精，圍其繩爲〇，屈其繩爲乀，合而成文，此結繩所優爲者。

⊕　陬也，圍其繩爲〇，交互其繩爲「十，」合而成字，此亦結繩所優爲者。

以上數字，雖不敢謂其直接出於結繩，然觀其形體，似爲結繩時代可能之事，其由結繩之符號蛻變而出，亦未可知；未可悉以「持論不根」詆之也。

第二節　畫卦

㈠**畫卦之起原及其意義**　畫卦爲造字之萌芽，已如前章所述。然易繫辭云：「伏羲仰觀象於天，俯觀法於地，觀鳥獸之文與地之宜，近取諸身，遠取諸物，於是始畫八卦，以通神明之德，可類萬物之情。」是知八卦之作，非僅爲事物之符號，兼爲一切制作之起原也。故曰：「易者象也，伏羲畫卦，以垂憲象。」又曰「以制器者尚其象。」近人胡適謂易經全在一「象」字着眼；此「象」字之意義有二；一爲現象，一爲意象；意象必先有自然界之種種現象，然後能起人心中之種種意象，由意象而制作種種之物事，以供人類之應用；故網罟之作取諸「離」䷝，耒耨之利取諸「益」䷩，舟楫之制取諸「渙」䷺，車馬之用取諸「隨」䷐，書契之作取諸「夬」䷪，此皆由現象而生出意象，由意象而生出種種制作之證明也。文化工具之創造，殆由於此。

㈡**八卦與文字之關係**　文字爲文化重要之工具，八卦卽爲文字之先聲；易乾坤鑿度謂八卦卽古文本字，卽

乾☰　古文「天」字　　坤☷　古文「地」字

艮☶　古文「山」字　　兌☱　古文「澤」字

坎☵　古文「水」字　　離☲　古文「火」字

巽☴　古文「風」字　　震☳　古文「雷」字

由此可見八卦雖爲八種事物之符號，然實有文字之價值。蓋古人與自然界接觸既久，不能不各畫一符號以分別之；然意識模糊，技藝粗淺，只能畫直線，不能畫曲線；只能畫平行綫，不能畫交互線；彼等日見天之現象平衡而無邊際，卽畫「一」之符號以表「天」，日見地之現象平坦而有缺陷，卽畫「--」之符號以表「地」；因而疊作平行綫爲☰☷，更錯綜之而爲八卦，以爲天、地、山、澤、水、火、風、雷之符號；更推廣之以爲一切思想事物之符號；茲將易經說卦傳所說之八卦涵義，錄之如左：

☰　爲天，爲圜，爲君，爲父，爲玉，爲金，爲寒，爲冰，爲大赤，爲良馬，爲老馬，爲瘠馬，爲駁馬，爲木果。

☷　爲地，爲母，爲布，爲釜，爲吝嗇，爲均，爲子母牛，爲大輿，爲文，爲衆，爲柄，其於地也爲黑。

☳　爲雷，爲龍，爲玄黃，爲旉，爲大塗，爲長子，爲決躁，爲蒼筤竹，爲萑葦。其於馬也爲善鳴，爲馵足，爲作足，爲的顙。其於稼也爲反生，其究爲健，爲蕃鮮。

☴　爲木，爲風，爲長女，爲繩直，爲工，爲白，爲長，爲高，爲進退，爲不果，爲臭。其於人也爲寡髮，爲廣顙，爲多白眼，爲近利市三倍，其究爲躁卦。

☵　爲水，爲溝瀆，爲隱伏，爲矯輮，爲弓輪。其於人也爲加憂，爲心病，爲耳痛，爲血卦，爲赤。其於馬也，爲美脊，爲亟心，爲下首，爲薄蹄，爲曳。其於輿也，爲多眚，爲通，爲月，爲盜，其於木也爲堅多心。

☲　爲火，爲日，爲電，爲中女，爲甲胄，爲戈兵，其於人也爲大腹，爲乾卦，爲鱉，爲蟹，爲蠃，爲蚌，爲龜。其於木也，爲科上稿。

☶　爲山，爲徑路，爲小石，爲門闕，爲果蓏，爲閽寺，爲指，爲狗，爲鼠，爲黔喙之屬。其於木也爲堅多節。

☱　爲澤，爲少女，爲巫，爲口舌，爲毀折，爲附決。其於地也爲剛鹵，爲妾，爲羊。

由說卦所述，可知古人將各種事物意義，悉附麗於八卦，則八卦爲代替事物之符號可知矣。非但八卦然也，即六十四卦，三百八十四爻亦然。近人胡樸安謂其以一卦一爻代替多數事物者，頗類文字之假借；其以數卦數爻代替一種事物者，則似文字之轉注。蓋當文字尚未制作之先，必用卦記錄事物，或表示思想，然究之混淆不清，後遂廢而不用，蓋符號歷久而晦，不若文字之明顯也。

第三節　書契

㊀關於倉頡其人之異說　世稱倉頡造書，然蓋一名而不止一人也。僞古文尚書序孔穎達正義曰：

倉頡，說者不同：世本云「倉頡作書。」司馬遷、班固、韋誕、宋忠、傅玄皆云：「倉頡，黃帝之史官也。」崔瑗、蔡邕、曹植、索靖皆直云：「古之王也。」徐整云：「在神農、黃帝之間。」譙周云：「在炎帝之世。」衞氏云：「當在庖犧、蒼帝之世。」愼到云：「在庖犧之前。」張揖云：「蒼頡爲帝王，生於禪通之紀。」其年代莫能有定。

諸說紛紜，莫衷一是；更有故爲神奇之說者；如淮南子既稱蒼頡爲史皇氏，又云：「蒼頡作書，天雨粟，鬼夜哭。」高誘曰：「史皇蒼頡生而見鳥跡，知著書，故曰史皇，或曰頡皇」。由此諸說，可知倉頡旣非一人，而造字者亦復不止於名蒼頡者其人也。故管子稱「封泰山禪梁父者七十二家，而夷吾所記者，十有二焉」。史記補三皇本紀引韓詩云：「自古封泰山禪梁父者，萬有餘家，仲尼觀之，不能盡識」，可見古之造書者衆，決不止蒼頡一人；且古人名蒼頡者多，亦不止造書之蒼頡一人，況世本稱黃帝之史沮誦蒼頡作書，則雖黃帝之世，造字者亦非僅蒼頡一人也。

(二)書契之意義　說文敍云：「黃帝之史官倉頡見鳥獸蹏迒之跡，知分理之有相別異也，初造書契，百官以乂，萬品以察，蓋取諸夬。」夬者決也，書契所以決斷萬事也。契有契約之義：許愼曰：「契，大約也，券契也，券別之書，以刀判契其旁，故曰契券」。鄭玄曰：「書契，謂出予受入之凡要，凡簿書之最目，獄訟之要辭，皆曰契。」又曰：「書契，取予市物之券也，其券之象，書兩札，刻其側。」「契」亦有刻木之義，鄭玄曰：「以書書木邊，言其事，刻其木，謂之書契。」又曰：「書之於木，刻其側爲契，各持其一，後以相考」。由契約之義，爲後世買賣文件稱契書之所由起；由刻木之義，爲後世公私文件有執照騎縫之所由起；此皆書契之重要的意義也。

㈢倉頡以後之古文　倉頡古文經唐、虞、夏、商、周、五代，約千餘年，代有變異，頗異於古，故有唐、虞之古文，有夏、商之古文，有西周之古文，漢人統名曰殊文，或曰古文奇字。此等古文奇字，自漢揚雄後，能識之者，世不多見。後人欲考其字者，多據金石鼎銘，藉知一二。清代金石之學頗爲發達，自顧炎武作金石文字記後，學者多能言之，有以金石文字而證明許氏說文之誤者；治此學者，遂有金石古文家之目。

由金石古文之研究，而知古文有數體之多，不僅合體之字爲然，即獨體之「文」亦有數體者。許氏說文解字敍云：「重文一千一百二十六。」所謂重文，即爲古文、籀文，或體三種，除或體外，古文籀文均可稱爲古文；以之與後代出土之金石文比較，多不相合。如說文「示」古文作「𥘅」，「玉」古文作𤣪，均不見於金石古文；而金石古文習見之字，如「在」作「中」，「皇」作「㞷」，「鄭」作「奠」亦不見於說文；故金石古文多不同於說文之古文，至其所以不同者，則有二說：即

a 吳大澂說　吳氏謂說文中之古文，爲周末文字；金石中之古文，爲周初文字；說文中之文字，乃戰國時代「言語異聲」「文字異形」之古文，非眞古文也。

b、王國維說　王氏謂說文中之古文爲東土文字；金石文之古文，乃西土文字；說文中之古文，乃戰國時六國之文字，用以書寫六藝者。

此兩說孰是孰非，尚待研究；惟證以三體石經，多與說文中之古文相合；卽說文中之古文亦間有與金石之古文合者。惟一出於書契，一出於鼎彝，遂有不同耳。

由一字之古今異體，亦可分別孰爲古文，孰爲今文。大抵無偏旁之字爲古文，有偏旁之字爲今文；古文爲本字，今文乃本字之變體也。例如：

右，助也；祐，助也；可見「右」字爲古文，祐字爲今文。

制，裁也；製，裁也；可見「制」字爲古文，製字爲今文。

夾，持也；挾，持也；可見「夾」字爲古文，挾字爲今文。

總之文字造於大篆之前者，稱爲古文；凡古文兼有偏旁者，皆商、周後起之殊文，非倉頡原有之古文也。今欲考說文以外之古文，惟賴金石古文家由三代所遺之鼎彝法物推得其一二而已。

第四節　甲骨文

㈠甲骨文之發見及其名稱　清季光緒二十五年，河南定陽縣西五里，有地曰小屯者，發見龜甲與獸骨，其上均有刻辭，辭中有殷代帝王名號，學者遂認爲殷代之遺物，稱爲殷虛書契，或稱爲契文，又以其刻辭均爲貞卜之語，（貞卜卽是問卜）故又稱爲貞卜文字，通常稱爲龜甲文，或稱龜甲獸骨文字；今簡稱甲骨文，從其質也。

㈡研究甲骨文之學者　甲骨文之初出土也，有好事者，攜之至京，以示福山王懿榮，王氏知其地位洹水南爲殷商武乙之故都，卽史記項羽本紀所謂「洹水南殷墟上」是也。王氏研究未竟，不久死於庚子之難，所蓄甲骨，盡歸丹徒劉鶚，劉氏墨拓數千紙，影印鐵雲藏龜一書，其書雖未有考釋，然已引起世人注意。後劉氏得罪發邊，所藏散失，日本考古家爭購之，日人林輔泰曾著一文，揭之史學雜志，研究者遂日衆。近來國人研究此學最著者，當推上虞羅振玉；（叔言）羅氏搜羅龜甲甚多，經其考釋，甲骨文始漸可讀。繼羅氏而起者，則爲海甯王國維，彼以歷史的眼光，研究甲骨文字，益引起學者注意。其他如丹徒葉玉森，天津王襄，丹徒陳邦懷，番禺商承祚等，亦長於斯學；惟葉氏所著說契，研究枝談，殷契鉤沈頗能糾正羅氏之失；其他學者，皆未能出羅王二氏之範圍；此皆近代研究甲骨文字學者之卓著者也。

㊂甲骨文之價值　自甲骨文發見以後，學者均信其爲殷代文字之遺物，歷經多人研究，而知其有種種價值，簡言之，不外二端：

a 歷史考古的價值　羅氏謂此等甲骨多爲殷代帝王卜獵，卜祭，卜漁等文字，由其卜辭之內容，可證殷朝尚爲遊牧時代。其直接有功於史料者，則發見成湯以上有王亥王恒等六世，可以補史記殷本紀之缺；又證明成湯既歿，嗣位者爲卜丙（卽外丙）中壬（卽仲壬）至四世始爲太甲，可以證孟子史記所言之不誣，千年疑團，悉爲冰釋；使將來研究益精，則殷商古史當爲之改觀矣。此其一。

b 文字考古之價值　甲骨文卽爲殷周之古文；例如說文中之「四」字，籀文作「亖」，甲骨文之「四」字，亦作「亖」；此其同於說文者也。又用甲骨文證金石文，常見之字相合者十有六七；例如「余」字，毛公鼎作仐，盂鼎之「盂」字作「盂」，均與甲骨文相同。其最有價值者，則在糾正許氏說文之違失；蓋說文中之字，多有不得其解者，或解而不通者；甲骨文均能糾正之：例如「牢」字，說文作⿵冂牛，從牛，從冬省；甲骨文中之「牢」字有⿵冂牛、⿵冂牛、⿵冂牛、⿵冂牛諸形，均象闌防之形，並非從「冬」省，可見許書「從冬省」之說謬矣。

由上所述，益見甲骨文實有研究之價值，將來此學日益昌明，其有功於文字學者更多也。

第五節　大篆

漢書藝文志史籀十五篇，建武（漢光武年號）時，亡六篇，而盡亡於東晉。近人王國維史籀篇疏證頗有考證，卽關於其作者時代與字數是也。茲分述之如左：

㈠史籀之名與時代　漢志錄史籀十五篇，周宣王太史作。又謂「史籀篇者，周時史官教學童書也。」是其於周宣王太史下，未著一「籀」字也。自說文敍云：「宣王太史籀著大篆十五篇」，始於太史下，著一籀字，歷代學者宗之，向無異說；惟王國維謂史籀篇者，猶倉頡篇，其書開端，蓋云「太史籀書，」（「籀」字與「讀」字同義，猶云太史讀書也）。因而以發端二字名其篇目，非名其書體也。準以古書題篇之慣例，頗得其實；吾人只可認大篆爲周宣王太史所作，不必拘拘於其名字也。周太史既作是書以教學僮，故六藝之教，書居其一；周之教育文化，於斯爲盛，墨子引百國春秋，上逮周宣而止；史記年表，始於共和；是周宣時代，殆爲西周文化之一新時代也。

㈡**史籀之書名與字數**　倉頡以後，字書無傳，而籀書遂爲字書之鼻祖；然漢人單稱之曰史篇，漢書王莽傳「徵通史篇文字，」孟康注云：「史籀所作十五篇古文書也。」說文「奭」「匋」「姚」三字，亦俱引史篇之說，皆其證也。至史籀十五篇之字數，考漢官儀云：「能通倉頡史籀篇，補蘭台令史。」又漢志言「太史試學童能諷書九千字，乃得爲史，」與說文敍言「學僮十七以上，始試諷籀書九千字乃得爲吏」之文相合，惟漢志不以籀爲人名，故祗云「諷書九千字，」而說文以史籀爲人名，故增之曰「諷籀書；」由此可見大篆之字數，不下九千；故唐人張懷瓘書斷定史籀大篆十五篇九千字。」清人桂馥說文義證復解之云：「十五篇斷六百字爲一篇，共得九千字。」此大篆字數之定說也。

㈢**大篆之流弊**　大篆係集倉頡以後之殊文而成，所以與古文有同有異，例如

㫄　古文「旁」字　　雱　籀文「旁」字

𡰦　古文「皮」字　　𠬛　籀文「皮」字

許氏說文於每字「重文，」有但舉古文，不舉籀文者，卽爲籀文襲用古文之證。至於籀文與古文不同，不外二端：

a 字多偏旁　如蓐、罏、毆、等是。

b 字多重疊　如歔、檄、孨、等是。

由此可見籀文多合體之字，是爲周宣字形增密時代；大篆之所以不能通用者，職是故也。

㈣石鼓文爲大篆之遺　籀篆之字，偏旁重疊太多，不便書寫，卽在周代亦未通行，孔子删定六經，仍用古文寫定；所謂史籀十五篇，亦亡於漢、晉，其僅存於後世者，惟石鼓文耳。

石鼓之數有十，初在陳倉野中，唐代始發見，鄭餘慶始遷之鳳翔，宋徙之開封；宋亡，金人取之至燕，元代始置之孔子廟中。其文皆記田獵事，或以爲周文王時物，以文王有渭陽之獵也；或以爲成王時物，以成王有岐陽之蒐也；惟韋應物韓愈定爲宣王時物，以其與大雅之車攻、吉日兩詩相類也；若金人馬定國以爲宇文周時物者，則失之遠矣。宋歐陽修、蘇軾等皆宗韓說，世咸信爲史籀之筆，大篆之遺，遂目爲籀文。然說文「馬」字「子」字之下所錄籀文，字形極密；石鼓仍作「馬」「子」字，極易辨識，絕不與說文中所錄者相同；又如「歸」字籀文省作「歸」，而石鼓作「遈」，「西」字古文作「囱」，籀文作「卤」，而石鼓仍從古文作「囱」；据此可知石鼓之文，並非專用大篆，猶之李斯爲秦皇刻石，亦不專用小篆也。（石鼓文摹讀見何氏本四十九頁茲因不便摹印，姑從略。）

第六節　小篆

（一）小篆之制作及其字數　戰國時代，七國分立，言文各異，言語異聲，則音韻歧；文字異形，則體製惑。秦始皇二十六年，初幷天下，丞相李斯始奏同之，罷其不與秦文合者，斯作倉頡篇，中車府令趙高作爰歷篇，太史令胡母敬作博學篇，皆取史籀大篆，或頗損改，是謂小篆；小篆者，以其解散大篆，故對稱之也。

漢世閭里塾師合倉頡、爰歷、博學三篇爲倉頡篇，分五十五章，章凡十五句，句皆四言，如說文敘引「幼子承詔，」郭璞注爾雅引「考妣延年，」之類，皆教學童識字之歌訣也。由此種篇章句之分法，可知李斯三人所造之小篆，祇有三千三百字，其餘沿用古文大篆者尚多也。

㈡小篆之優點　史篇之大篆字體繁密，本不適用，小篆之作，一方固為秦同六國時之文字，一方亦為改良大篆而設也。故小篆之對於大篆，省改獨多；省也者，省其煩重也；改也者，改其奇怪也。今分別舉例如左：

a 省大篆之煩重者　例如

大篆	𡰪	鼎	𠟭	[illegible]	𨏥
小篆	就	員	則	鹵	車

b 改大篆之奇怪者　例如

然小篆不但省改大篆已也，且進而省改古文，例如

大篆	匶	[illegible]	𥤢	諐	鬵
小篆	柩	疾	岫	愆	甑

古文	槑	簋	𠆫	艸
小篆	呆	宜	鞭	友

然小篆雖省改「古」「篆」，但亦不盡然；蓋秦代最重同義，凡古文與大篆相同者，李斯卽取爲小篆；今說文所列小篆，不言古文作某大篆作某者，卽爲小篆同於「古」「篆」之證。若古文與大篆不同，則寫大篆，不寫古文；或寫古文，不寫大篆；若旣列小篆，又言古文作某者，則小篆必與大篆同，而與古文不同；若旣列小篆，又言大篆作某者，則小篆必與古文同，而與大篆不同；至於說文於小篆之下，並立「古文」「大篆」者，其爲秦人所特創可知，本此以求諸說文，則「古文」「大篆」

與「小篆」之關係，可得而知矣。

㈢倉頡篇與漢代字書之始——三倉　自李斯等始造倉頡篇，至兩漢時，字書之制作大盛：漢武帝時，司馬相如繼作凡將篇，無復字；元帝時，黃門令史游作急就篇；成帝時，將作大匠李長作元尚篇，皆倉頡中正字也，凡將則頗有出入矣。至平帝元始中，徵天下通小學者以百數，各令說字於未央庭中，揚雄取其有用者，以作訓纂篇。東漢明帝時班固作太甲在昔二篇，以續雄書；和帝時，賈魴撰滂喜篇。魴始以倉頡爲上篇，訓纂爲中篇，滂喜爲下篇，統名三倉；此皆踵李斯而作之著名的字書也。

第七節　隸書

㈠隸書之創製　秦一天下，地廣事繁，文利省便，隸書遂代篆書而興矣。漢志及說文敘皆謂秦多獄事，初有隸書以趨約易，而施之徒隸，故謂之隸書；始皇使下杜人程邈作之，此一說也。唐人張懷瓘書斷則云：「程邈，字元岑，始爲衙獄吏，得罪繫雲陽獄，覃思十年，益大小篆方圓而爲三千字，始皇善之，出爲御史。」此又一說也。兩說雖傳聞異辭，然隸書出於程邈，殆無疑義；此爲後代楷書之祖，而字體由圓而方之一大轉捩也。

㈡**隸書與古篆之關係** 秦既用篆，奏事繁多，篆字難成，而隸書以出；隸書者，改易篆體以趨簡約，所以佐小篆之不逮也，故亦名佐書。惟是此書一作，古人造字之意，寖不可見；故其字體有背於六書者；有合於古文者；今分別述之如左：

a **背於六書者** 例如「逍遙」作「消」，「喬木」作「喬」，「實」作「宲」，「澤」作「澤」「水」作「氵」等是。

b **合於古文者** 例如「德」作「悳」，「嶽」作「岳」，「蠭」作「蜂」等是。

宋人郭忠恕曰：『「衞」「夢」之字，本作「衞」「㝱」，是謂「隸省」；「前」「寧」之字，本作「歬」「寍」，是謂「隸加」；「詞」「朗」之字，本作「詈」「朖」，是謂「隸行」；「寒」「無」之字，本作「𡫳」「橆」，是謂「隸變」。』由此說，可知隸書變古過甚，多失古人造字之本意；其後一降而爲楷書，而字法愈失，古人造字之意，益不可考矣。故治文字學者，必由楷隸以溯古篆，据楷隸以說字，則繆矣。

㈢**隸書之種類**　隸書分秦、漢二體；其出於程邈者，曰秦隸；出於兩漢者，曰漢隸；漢人以隸爲今文，故漢隸亦稱今隸，而別稱秦隸爲古隸。古隸過於方整，無點畫俯仰之姿勢；今隸則有點畫俯仰，與正書同。

隸書既作，至漢始通行於世，大小篆遏而不行，以後「眞」「行」「草」三書均導源於此。今表之如左：

- 隸
  - 古隸——秦隸
  - 今隸——漢隸
    - 眞書
      - 楷書
      - 行書
    - 草書
      - 章草
      - 今草

㈣**秦書八體與新莽六書**　自李斯作小篆，程邈作隸書，推而變之，秦書遂有八體：即

1 大篆

2 小篆

3 蟲書——卽用之於旛信旗幟者。
4 摹印——卽用之於摹印者。
5 刻符——卽用之於符節者。
6 殳書——卽用之於戈戟者。
7 署書——卽用以署名簽押者。
8 隸書

以上自(3)至(7),皆變小篆之形體爲特種之用者也。

新莽時幷秦之八體而爲六書;卽

1 古文
2 奇字——卽古文之殊體。
3 篆書——包大小篆及刻符。
4 鳥蟲書——卽蟲書。

5繆篆——即摹印。

6佐書——即隸書。

第八節　草書

㈠草書之淵源　草書者，蓋統篆隸皆有之。其起原甚古；論語曰：「裨諶草創之。」史記屈原列傳云：「上官大夫奪屈平草藁」。此篆書之有草書也。漢書董仲舒傳云：「仲舒草藁未上，主父偃竊而奏之。」此隸書之有草書也。史記三王世家褚少孫補曰：「……其文字之上下，簡之長短皆有意，謹論次其眞草詔書，」其所指係武帝封三王策，當係篆書，而論次所引，多語同文異，必篆草兼備，故曰眞草詔書，此愈可爲篆已有草書之證，並可補「篆已別眞草」之說；可知周、秦時代草書之名雖未具，而草書之實已久具矣。

㈡草書非始於史游說　由上節所述，草書既爲人人屬藁之具，故亦謂之藁書，(蕭子良古今文體及章續五十六種書皆有藁書而無草書，即其證也。)則人盡作者，豈能鑿指誰某爲創作之人？故晉人衛恆四體書勢云；「草書、不知作者姓名。」北魏江式亦曰；「草書、莫知誰始。」此皆求其人而不得者。東漢趙壹曰：「草書之興，蓋秦之末。」蔡邕曰：「草書蓋昔秦時，諸侯爭長，簡檄相傳，望烽走驛，以篆隸之難，不能救速，遂作赴急之書。」許氏說文敍曰：「漢興，有草書。」此求其時而可知者。大抵草書之作，較隸尤簡速，故亦謂之散隸，其由來久矣。

後人誤認漢史游始作草書，其說出於宋人王愔。愔謂漢元帝時，黃門令史游作急就章，解散隸體，麤書之，是爲草書之始。然漢志明云：「史游作急就篇，皆蒼頡中正字。」其爲篆而非草甚明，王說殆不足信，或者以其篇名急就，誤認爲草書耳。縱使急就爲草書，只可謂史游集草書之大成，而非首創草書者，尚可信也。

㈢草書之種類　草書萌芽於周、秦，而大成於兩漢，東京以後，草書復有「章草」「今草」之分；茲分述之如左：

a、章草　章草者，施之於章表者也；其字不相聯屬，個個分明。其體始於東漢杜度。晉人衞恆曰：「東漢章帝時，齊相杜度號善章草。」齊蕭子良曰：「章草者，漢齊相杜操始變藁法。」蓋操字伯度，故亦稱杜度。唐人張彥遠法書要錄曰：「草分章體，肇起伯度」當時章帝善其書，令臣工上表，均用此體，故名章草。度之後，擅長此體者，推崔瑗、崔實父子焉。

b、今草　東漢張芝（伯英）因杜崔二氏之章草變而通之以成今草，比章草尤爲流速，即以各字牽連成書，以上字之末筆作下字之起筆，勢極流走，一稱一筆草書；當時有草聖之名。芝臨池學書，池水盡黑，其後王羲之慕而效之。迨唐人張旭懷素輩出，任意損益字形，爲鈎連之狀，至不可曉，世復號爲狂草；蓋今草之流變也。

第九節　正書

㈠正書起原之異說　正書一名眞書，又名楷書，其字由隸書直接變出。關於其起原有種種異說如：

宣和書譜曰：「字法之變，至隸極矣，然猶古焉；至楷法則無古矣。漢時有王次仲者，始以隸字作楷法」此一說也。惟秦、漢之世，有兩王次仲，究未知孰是；然楷法之始於東漢，則無疑也。

梁庾肩吾曰：「程邈所作隸書，今時正書是也」。此說認正書卽始於程邈，則似隸楷不分，殆不足信。

唐張懷瓘書斷曰：「漢陳遵善隸書，與人尺牘，主皆藏之以爲榮，此其開創隸書之善也。爾後鍾元常王少逸各造其極」。此說以陳遵爲正書之開創者，蓋祇以能書而得名耳。

宣和書譜又曰：「西漢之末，隸字刻石，間雜正書，降及三國，鍾繇元常乃有賀克捷表，假盡法度，爲正書之祖。東晉王羲之逸少作樂毅論黃庭經，遂爲今世不貲之寶」。此又推祖鍾、王，亦以二人能書，而爲後人所祖述故也。

由上所述諸說，可見正書之作者，實無主名；大抵漢魏之世，善隸法者，皆可冒楷之名；卽善八分書者，亦可冒楷之名；楷者，正也，法式也；凡書跡有法式可循，爲後人所矜式者；皆可日之曰楷。例如晉書李充傳曰：「充善楷書，妙參鍾索靖，從兄式亦善楷隸。」蓋魏、晉之際，盛行鍾繇書法，故隸亦得名爲楷；兩宋以後，隸書卽正書，遂永被楷書之目矣。

㈡**正書之分南北派** 東漢末，蔡邕工隸書，傳其法於韋誕，誕以傳之鍾繇，遂開魏、晉以後之書派相傳繇少時，嘗隨劉勝入抱犢山學書法三年，及還，與魏太祖邯鄲淳韋誕孫子荊關枇杷等議用筆之法。繇忽見蔡邕筆法於韋誕坐上，於是知多力豐筋者聖，無力無筋者病，一一從其消息而用之，由是書法更妙，遞傳衛瓘及李矩妻衛夫人，遂爲南派書家之祖。

東晉以後，南北分立，字體亦分南北二派。大抵南派宗鍾繇，而王羲之爲大家；（世稱鍾王。羲之與其子獻之稱二王。）北派宗索靖，而以北魏體爲勝。南派之字韶秀，寓方於圓，宜於書帖；北派之字勁健，寓圓於方，宜於書碑。唐初，歐陽詢褚遂良善書，其源亦出於北派，南派幾不顯，及太宗善王羲之書法，南派顯而北派又微矣；後雖有顏眞卿柳公權起而振之，然勁健有餘，姿態不足，終不若南派之盛耳。趙宋時淳化閣帖盛行，高宗尤喜二王書法，北派愈微。惟歐陽修集古錄論南北書，言「南朝士氣卑弱，書法以清媚爲佳；北朝碑誌文辭淺鄙，又多言浮屠，其字畫往往工妙。」差得其實耳。

㊂唐以後正書之變遷　唐代以正書著名者有六家，蘇東坡嘗論之曰：「永禪師骨氣深穩，體兼衆妙，精能之至，反造疏淡。歐陽率更歐陽詢妍緊拔羣，尤工小楷。褚河南褚遂良清遠蕭灑，微雜隸體。張長史張旭草書頹然天放，略有點畫處，而意態自足，號爲神逸。顏魯公顏眞卿書雄秀獨出，一變

古法，後之作者，殆難復措手。柳少師（柳公權）書本出於顏，而能自出新意，其言「心正則筆正」者，（穆宗問公權書法，公權對曰：「用筆在心，心正則筆正。」時稱筆諫）。非獨諷諫，理固然也。」此說於唐代書法變遷之跡，論之最精。

北宋書家，東坡及黃山谷米襄陽，大抵高視闊步，氣韻軒昂，或詆其稜角怒張，未當也。東坡與其弟子由論書云：「端莊雜流麗，剛健含婀娜。」蓋甘苦有得之言也。南宋以後，宋有趙孟頫（松雪），明有董其昌（香光），清有劉墉（石盦）翁方綱（覃溪）等，均擅一代書名；然大抵秀逸者多，剛健者少；蓋南派之緒餘也。近人書法，競尚北魏，而張裕釗（濂溪）之書法，尤盛行；殆北派復興之兆與？

第十節　行書八分與近代簡筆字

東漢爲字體完成之時代，除隸書草書正書外，尚有行書八分等書；茲分述之如左：

㈠行書之制作　東漢有劉德昇者，始作行書；行書者，在半楷半草之間，如人之行走也。其兼楷書者，謂之行楷；（一名眞行）兼草者，謂之行草。

晉人衞恆四體書勢曰：「魏初有鍾繇胡昭二家爲行書法，俱學之於劉德昇。」韋續曰：「行書、正書之少譌也。鍾繇謂之行押書。」唐人張懷瓘書斷曰：「昔鍾元常善行押書，其後王羲之獻之並造其極。」宋人黃庭堅論書，以王右軍蘭亭帖爲眞行書之宗，明人董其昌以爲行楷；至於行草，則如二王帖中之稍縱體，以及唐人孫過庭書譜之類皆是也。由此可見行書起原之大概矣。

㈡**八分書之意義及其起原之異說**　八分書之意義及其作者，聚訟紛如，迄無定說；有謂八分之法，出自印璽，璽形正方，方有四正四隅，是爲八方；用筆須八方分布周密，是曰八分者；宋人黃庭堅明人徐官之說也。有謂其字形如八字分散者，張懷瓘書斷之說也。此二說孰是孰非，無從斷定；惟八分書結體方正，似爲隸書之變，後人或以其方正之故，衍爲「八方」「八字」之說耳，未足據也。

八分書之創作者，有種種異說：宋人王愔曰：「漢章帝時，上谷王次仲始以古書方廣，少波勢，乃以隸草作隸法，字方八分，言有楷模。」然王次仲一人，傳之者多，有言爲秦人者，有言爲漢人者；卽以漢而論，有謂其爲章帝時人，有謂其爲靈帝時人；至不一也。卽以其造書而論，有謂其首創楷法，有謂其首創八分，傳聞異辭，至難徵信；是此說不足據也。惟古今法書苑引蔡文姬言：「其父邕割秦隸字八分，取二分；割小篆二分，取八分。於是爲八分書。」此蓋以其割八取八而爲之名也。此說雖不盡可信，然邕之工書信而有徵；且熹平石經之殘存者，多爲八分體，石經爲邕所書，則八分之出於邕，殆無疑也。

㈢飛白書之創作　飛白爲書體之一種，筆畫飛揚而中空，故曰飛白。後漢蔡邕所作也。靈帝時，詔邕作聖皇篇成，詣鴻都門，時方修飾，見役人以堊帚成字，因悟筆法，遂作飛白書。漢、魏宮闕，多用其體，歷代書家精於此體者，亦往往有之，蓋一特用之書體也。

㈣近代簡筆字之提議　近代以普及教育之關係，有倡減省漢字筆畫以求書法簡易者。首倡此說者爲錢玄同。錢氏主張減省漢字筆法，其屬於采舊者有五，屬於創新者有三；今分述之如左：

（甲）屬於采舊之省筆字

a 采取古字。　如「圍」作「囗」，「胸」作「匈」，「集」作「亼」等是。

b 采取俗字。　如「聲」作「声」，「體」作「体」，「劉」作「刘」等是。

c 采取草書。　如「東」作「东」，「爲」作「为」，「行」作「⺉」等字。

d 采取古書上同音之假借字。　如「譬」作「辟,」「導」作「道,」「拱」作「共」等是。

e 采取流俗通用之同音假借字。　如「薑」作「姜,」「驚」作「京」「腐」作「付」等是。

（乙）屬於創新之省筆字

a 新擬之同音假借字。　如「範」作「范,」「餘」作「余,」「預」作「予」等是。

b 新擬之借義字。　如「旗」作「㫃,」「鬼」作「甶,」「腦」作「囟」等是。

c 新擬之減筆字。　如「厲」作「厉,」「蠱」作「蛊,」「襲」作「袭」等是。

最近教育部所頒之簡字,大抵根據錢氏此項提議而作,然以國人反對,遂遏而不行。由本章各節所述,歷代字體之演變,略具於是矣。

第三章　造字的原則

第一節　六書概說

㈠六書之次第及其解說　六書者，造字之本也，其名始見於周官，其說則詳於許慎，惟其次第，則各家略有不同，而要不外班固許慎鄭衆玄三家。今先列之如左：

班固之次第　象形　象事　象意　象聲　轉注　假借

許慎之次第　指事　象形　形聲　會意　轉注　假借

鄭衆之次第　象形　會意　轉注　處事　假借　諧聲

此三派除鄭氏外，後人言六書者，多遵班、許二家；唐人顏師古宋人鄭樵等從班說；清人戴震、段玉裁等從許說；南唐徐鍇則用許氏之名，而從班氏之次第。其他各家，多隨意分次無足言者。

班氏以前四種稱「象」，頗爲整齊；然形可言「象」，而「事」「意」「聲」三者不可言「象」；此其命名之未確也。惟其次第，頗合造字先後之義。南宋鄭樵解之曰：「造字本於象形；形不可象，則屬諸事；事不可指，則屬諸意；意不可會，則屬諸聲；聲則無不諧矣。」是鄭氏亦認班氏之次第爲長，而其名則不合也。

許氏說字，列指事於象形之先，似不合倉頡依類象形之義；故各家從班者多，從許者少。惟清代言六書者，多昌明許學，宗其次第。近人顧實論班許二家關於此處之異點，而曰：「班氏首象形，係歷史家說，以倉頡造字始於依類象形也。許氏首指事，係哲學家說，以許氏分部始「一」終「亥」，而於「一」字下解曰：『惟初太極，道立於一，造分天地，化成萬物。』則采老氏「道生一」之說，抽象之哲理也。」章太炎則謂指事虛，象形實；指事之範圍寬，象形之範圍狹；伏羲畫卦，倉頡造字，均以一畫爲始；徵之異域文字，亦以指事爲先；許氏之首指事，確有其至當不易之理也。

鄭氏次第，後人多譏其錯亂不倫。惟清人黃以周禮書通故頗主其說，然言之不詳。近人顧實中國文字學力贊其說。其大意謂鄭氏分六書爲兩節；其象形、會意、轉注、三者，則以「類」言；以倉頡本依類象形也，許氏稱會意爲「比類合誼，」稱轉注爲「建類一首，」三者均着眼於「類」字，「類」卽物類也。其處事、假借、諧聲、三者，則以「事」言；謂許稱「指事，」鄭稱「處事，」可見「事」字之重要；許氏又稱假借爲「依聲託事，」形聲爲「以事爲名，」此皆着眼於「事」字，明三者另爲一系也。要之顧氏此說，係根據許氏六書之定義，以證明鄭氏次第之合理；彼自謂發前人所未發，亦可供研究六書者之一助也。

㈡徐鍇之六書三耦說　六書有三耦之說，發自南唐徐鍇。其說以象形指事爲一耦；會意形聲爲一耦；轉注假借爲一耦。蓋自字體作用言之；有形必有事，象形指事，事與形耦也；有義必有音，會意形聲，義與音耦也；或從義而長，或從音而長，轉注假借，又以其長者爲耦也。自制字先後言之：依類象形謂之文，象形指事，其最古者也；形聲相益謂之字，會意形聲，其後起者也；字孳乳而寖多，轉注假借，又其後所增者也。——此徐說之大旨也。難者以爲象形當與形聲爲類，指事當與會意爲類；其說未堅，不足以折徐氏也。

㈢戴震之四體二用說　六書有四體二用之說，發自戴震，申於段玉裁。其說以指事，象形、形聲、會意、四者爲字之體；轉注、假借二者爲字之用。蓋謂有四者而字形盡；字各有音而字音盡；轉注異字同義，假借異義同字，二者所以包羅自爾雅以下一切訓詁音義而非謂字形：此戴、段之旨也。難者以爲班氏明言「六書者造字之本」，轉注建類一首，卽孳乳之方，固爲造字無疑；卽假借之「依聲託事」用舊卽等於造新，亦非後世通借之比。其說推本班氏，足揭二家之蔽。

第二節　指事

㈠指事之定義　說文敍曰：『指事者，視而可識，察而見意，「上」「下」是也。』蓋指事類於象形而非象形，故曰「視而可識」；類於會意而非會意，故曰「察而見意」。其所以異於象形者，象形有特定之實物，且曲肖之；而指事則不必有特定之實物，卽有之亦不可爲象，不過爲人心中某種概念之表識而已。

㈡指事爲符號之變　未有文字，先有符號，結繩畫卦，均造字以前之單簡符號也。指事卽此種符號之變相；例如上下二字在古文爲「二」「二」，在金石文爲「・一」「一・」，在大篆文爲「丄」

「丅」，卽由古代符號轉變而成；又如丨（音袞）爲上下通之符號；「㇏」爲截止之符號，卽今之「乙」字也。

其有似象形而實非象形者，亦爲符號之變：如「回」字，古文爲「㔾」，卽「回轉」之符號；「合」字爲「△」，卽「集合」之符號；「中」字爲「中」，卽任何事物介居中間之符號；其他甚多，不煩具舉。總之指事之字，在說文中雖僅占最少之數，然大抵皆爲符號之變形也。

㈢指事之分類　指事分類，有左列之三家：

（甲）鄭樵之分法——鄭氏分指事爲二：

一、正生；二、兼生——內分事兼形，事兼意，事兼聲三類。

（乙）楊桓之分法——楊氏分指事爲九：

一、直指其事；二、以形指形；三、以意指意；四、以意指形；五、以形指意；六、以注指形；七、以注指意；八、以聲指形；九、以聲指意。

（丙）王筠之分法——王氏分指事爲二：

一、正例。　二、變例。

此三家中，鄭氏之條例雖善，而每類所收之字例，標準紊亂，往往以合體會意之字，混爲指事；楊氏以誤認指事在會意之後，故分類過多，不免錯誤，其所收字例，較鄭氏尤乖謬，惟王氏分法，條理明晰，茲遵其分類說明之於次。

㈣指事之正例　凡獨體之文，非象有形之物者，均屬於指事之正例，例如

一　上　下　丨　八　ㄐ　口　丿　乙　九　乃　𠂹　囟　入　出　齊

由上所舉字例，吾人當知指事與象形之界義，宜以文字之性質區別，不當以文字之形式區別，例如「八」「ㄐ」「口」「丿」四文，許氏以爲象形，其實與「上」「下」二字無別；「八」雖爲象分別之形狀，然究爲何物之分別，亦不能指實；「ㄐ」雖形象糾繚，亦無實物可指，與「上」「下」之虛指其事者相類。若「𠂹」「囟」「齊」三文，雖有一定之形狀，然𠂹爲花葉下垂之意象，而非花葉之實形；「囟」乃果實纍纍之意象，亦非果實之實形；齊乃禾穗整齊之意，並非象禾穗之狀；此皆指虛事而非象實物也。故凡獨體之文，無實形實意之可指，而僅得其抽象之概念者，均爲指事正

例之字。

㊄**指事之變例**　獨體之指事，既如上述；然亦有合體文字，不象有形之物，而其組合之原素，一成文，一不成文，或幾個個體中有一不成文者，在六書條例中，不能屬會意或形聲，即爲指事變例，今舉八例如左：

a 以會意定指事　例如「示」爲天象與觀察示象之意義；從二，即上字 是會意，「小」指日月星之下垂，是指事。

b 以會意爲指事　例如「喦」爲多言之意；「品」從三口，是會意，山非山水之「山」，山不成文，是指事。

c 指事兼聲　例如「朩」爲草木水火之形，從「八」聲。

d 增文指事　例如「朮」爲樹木曲頭，指不能上之義，增「·」在木上，表示曲頭。

e 省文指事　例如「凵」爲張口之義，省「口」以指事。

f 形不可象變爲指事　例如「刃」用「丶」表示刀刃。

g借形指事　例如「不」從「一」從「巾」；「巾」象鳥，「一」卽天，借鳥飛不下之形，指出「不能」「不可」之事。

h借形指事兼意　例如「高」「冂」象界，「口」與倉舍之「口」同意，象築借臺觀崇高之例，指高低之事，再兼「築」之會意。

以上所述，可以盡指事之變例矣。

第三節　象形

㈠象形之定義　說文敍曰：「象形者，畫成其物，隨體詰詘。」日月是也。倉頡造字本依類象形，凡有實物可見者，均依其類而畫其形，上之如日月星辰，下之如山川草木，中如人類，旁及動植，無不卽形象而畫成之以爲字；如古篆日字作⊙，月字作☽，均象其形，故象形字卽古代圖畫之變。

㈡象形爲圖畫之變　前人言象形者，只注重「象」字，無有言其與圖畫之關係者。自清代金石學大昌，學者於金石古物所殘留之文字，知其與圖畫相近，因證明其字爲圖畫之變相。劉師培曰：

凡象形之字，卽古圖畫之變也。如「日」字，篆文作☉，卽古人所繪之「日圖」也；「月」字，篆文作☽，卽古人所繪之「月圖」也；「气」字篆文作☰，卽古人所繪之「雲圖」也；「雨」字篆文作雨，卽古人所繪之「雨圖」也；「山」字篆文作山，卽古人所繪之「山圖」也；「水」字，篆文作巛，卽古人所繪之「水圖」也。至於動物名詞之鳥獸……植物名詞之瓜果……按其古文本字，無一非實物之圖畫也。

由劉氏說，可見象形字實爲圖畫之變相，而我國文字爲繪畫直系之發達，可斷言也。

㈢象形之性質及其方法　象形旣爲實物之圖畫，則其字形因所畫者之不同，而異其性質與方法焉。茲分別列之如左：

（甲）象形之性質　有左列八種，卽

a 屬於天象者　例如「日」「月」。

b 屬於地理者　例如「山」「水」。

c 屬於人體者　例如「子」「呂」。

d 屬。於。植。物。者。 例如「草」「木」。

e 屬。於。動。物。者。 例如「魚」「鳥」。

f 屬。於。服。飾。者。 例如「衣」「巾」。

g 屬。於。宮。室。者。 例如「門」「戶」。

h 屬。於。器。用。者。 例如「弓」「刀」。

（乙）象、形、之、方、法、 有左列五種：

a 從。前。面。看。者。 例如「日」「山」。

b 從。後。面。看。者。 例如「牛」「羊」。

c 從。側。面。看。者。 例如「鳥」「馬」。

d 變。橫。形。爲。直。形。者。 例如「水」當橫看爲☵。

e 省。多。爲。少。者。 例如「呂」象脊骨，用兩個概括多數。

由上所述，可見象形文字爲我國文字之淵源，雖指事多屬獨體之初文，然指事之變例，多有据象形文字而造成者。例如上節所舉之「刃」字是矣。說文中象形文字計三百六十四，去其不純粹者，尙餘二百四十二；再除其重複者與其由一個形體而演化者，衹得百數十字，佔現在文字不及百分之一，是可知吾國文字多由象形文字演化而成；若謂中國文字悉爲象形文字，則不可通矣。

㈣象形之分類　前代學者，分象形爲種種類別者，有三人。

（甲）鄭樵之分類

一、正生。內分天地、山川、井邑、草木，人物、鳥獸、蟲魚、鬼物、器用，服飾十類。

二、側生。由分象貌、象數、象位、象氣、象聲、象屬六類。

三、兼生。內分形兼聲、形兼意二類。

（乙）鄭知同之分類

一、獨體象形。

二、合體象形。

三、象形兼聲。

四、象形加偏旁。

五、形有重形。

六、象形有最初本形。

（丙）王筠之分類

一、正例。

二、變例。

上列三家分法，鄭氏似為詳密，然混合指事，會意，形聲，三者於象形之中，最為雜亂；鄭知同之分法，雖較明晰，然其不嚴守說文中一定之形體，似不適於初學，茲本王筠之分法，詳述其例於後云。

㊄象形之正例　此卽純象形也，茲再分五類如左

a 天地之純形　例如「日」字，外面象太陽之輪廓，內面則象太陽閃爍之黑印。「月」字則象月之缺形。

b 人體之純形　例如「口」「目」，純象口目之形狀。

c 動物之純形 例如「隹」象短尾之禽；「鳥」象長尾之禽；「隹」是水禽，「鳥」是山禽。「牛」「羊」二字象牛羊從後面看得之形狀。

d 植物之純形 例如「艸」象草之叢生；「木」象樹木之冒地而生。

e 器械之純形 例如「戶」象半門，「門」象兩戶。「豆」「皿」象食器。

上舉五例，純然象物之形狀，卽純象形字也。

㈥象形之變例 象形變例者，卽用事、意、聲三者以輔助純象形之不及，使其字義格外明顯；然不可誤認爲指事、會意、形聲三類之字；以其仍以形爲主，故名爲象形變例。茲分八例，列舉如左；

a 一字象兩形。 例如「丂」一象草木深函之形一象花未發之形。

b 減文象形。 例如「丫」象羊角，由「羊」字減省。

c 合體象形。 「臼」外象「臼」形；中象「米」形。

d 象形兼意 例如「果」「田」是象果形；「木」是會意。

e 形兼意而略異。 例如「爲」母猴也，形兼意；但爪由猴生，與「果」由「木」生略異。

f 兩形加意 例如「眉,」「厂」象眉形,「目」會意,加「仌」象額理形。

g 形兼意兼聲 例如「齒,」「㐺」象齒形;「凵」(口切切)象張口,「一」象齒中間虛縫;兩文會意;「止」得聲。

h 似無形而仍爲象形 例如「衣,」「亠」象衣領;「𧘇」象衣襟。

(附註)衣字本純象形,因許氏釋「衣」爲「象覆二人形」殊不可通,故另爲一例。

上舉八例,均較純象形爲後起;所以不能屬於純象形者,以其非爲獨體之初文,而須借助於他種條例也。然不能直接屬於他種條例者,以其仍以形爲主,而不以聲意爲主也。

第四節 形聲

㈠形聲之定義 六書之中,惟形聲應用最廣,字數最多;其字爲兼有「意標」與「音標」之字;意標爲形,音標爲聲,鄭氏名之爲諧聲,僅就其音標而言;宋人王子韶之右文說,亦只側重其音標;不如許氏命名「形聲」之涵蓋而確切也。

說文敍曰：「形聲者，以事爲名，取譬相成，江河是也。」段玉裁解之曰：『以事爲名，謂半義也；取譬相成，謂半聲也。「江」「河」二字，以水爲名；譬其聲如「工」「可」，因取「工」「可」之聲而成其名。其別於指事象形者，指事象形獨體，形聲合體。其別於會意者，會意合體主義；形聲合體主聲。』由此可見形聲之字，爲以聲益形，於文茲顯，於義最備，宜後世之孳乳益多，幾占吾國文字十之八九也。

(二)形聲之位置　形聲之字，不僅左形右聲也；王子韶僅憑其右聲而倡右文之說，不免失之太固，蓋不明於形聲之構造有種種分別也。唐人賈公彥周禮正義分其位置爲六種；今列舉之如左：

a 左形右聲。　銅＝同(聲)＋金(形)　江＝工(聲)＋水(形)

b 右形左聲。　鳩＝九(聲)＋鳥(形)　翺＝皐(聲)＋羽(形)

c 上形下聲。　草＝早(聲)＋艸(形)　竿＝干(聲)＋竹(形)

d 上聲下形。　婆＝波(聲)＋女(形)　娑＝沙(聲)＋女(形)

e 外形內聲。　圃＝甫(聲)＋囗(形)　衞＝韋(聲)＋行(形)

f 外聲內形。 問＝門（聲）十口（形） 聞＝門（聲）十耳（形）

㈢形聲之分類 形聲之分類，有左列之四家。

（甲）鄭樵之分類

一、正生。

二、變生 內分子母同聲、母主聲、主聲不主義、子母互為聲、聲兼意、三體諧聲六類。

（乙）楊桓之分類

一、本聲； 二、諧聲； 三、近聲； 四、諧近聲。

其關於配合方法，楊氏亦分五例如左：

一、聲兼意或不兼意，

二、三體；

三、位置配合（例如左形右聲，右形左聲……等）。

四、散居（即一字分拆配合，例如「黃」從「田」「炗」聲，「炗」散居上下是）。

五、省聲。

(丙)趙古則之分類

一、同聲而諧；　二、轉聲而諧；　三、旁聲而諧；　四、正聲而諧；　五、旁音而諧。

(附註)趙氏所指之聲，卽平上去入四聲；音卽宮、商、角、徵、羽、半徵、半商、七音。

(丁)王筠之分法

正例。

變例。

上述四家，鄭氏六書略所收正生字二萬一千三百四十一字；變生六種，僅四百六十九字；其將「主聲不主義」歸於變生，似不合許氏「取譬相成」之義。楊、趙二家分法，大致相近，而趙氏較精；至於楊氏所分配合方法，如二體三體位置配合，散居三例，會意亦有之，不獨形聲然也。今本王氏分法，詳述於後云。

㈣形聲之正例　欲明形聲正例，不可不先知正例與變例之分別；關於此點，向有兩種不同之主張。

茲列舉如左：

（甲）段玉裁說　段氏云：「形聲相合，無意義者，爲至純之例；餘皆變義。」

（乙）王筠說　王氏云：「形聲之字，斷非苟且配合」。

由上所述，段氏主張形聲無意義者爲正例；王氏主張有意義者爲正例。著者於上節曾言及鄭樵以「主聲不主義」入變生，不合許氏「取譬相成」之說，則此處當取段氏之說；至於王氏之說，則與右文之說相近，故不取。

形聲正例。卽是用形定義，用聲諧音，而所取之聲，不兼義，不省形；例如「河」，從「水」定義，從「可」諧聲；「可」不兼義，亦不省形，略舉數例如左：

唐　從「口」定義，從庚諧音，大言也。

鳩　從「鳥」定義，從「九」諧音。

芝　從「艸」定義，從「之」諧音。

銅　從「金」定義，從「同」諧音。

由此類推，凡定義諧音之形聲字，而聲中不含義者，皆形聲正例也。

㈤形聲之變例　關於形聲之變例，許氏說文曾立兩種原則：即

（甲）亦聲　關於亦聲，有謂即「聲兼義」者；然說文中聲不兼義者極少，且許氏之未註明「亦聲」者，亦多聲兼義之字；例如「仲」「衷」「忠」三字，從「中」得聲，均有「中」義；「延」「證」「政」三字，從「正」得聲，均有「正」義；此等字，許氏並未註明「亦聲」，而其聲之兼義，無可諱言也。故說文中之形聲字，十之七八爲兼義，其註明「亦聲」者，更不待言。例如「禮」履也，從「示」從「豊」，「豊」亦聲；「訥」言難也，從言從內，內亦聲；聲之所在多爲義之所在也。

（乙）省聲　省聲者，以其得聲之字，筆畫太多，不得不删繁就簡以便書寫也；其條例並不複雜。王氏因立出省聲之條例四項如下：

a 聲兼義　例如「瑑」從「篆」省聲；「篆」亦義。

b 所省之字即與本字通借　例如「商」從「章」省聲；「商」「章」通借。

c 古籀不省　例如「進」，「閵」省聲，玉篇有古文「進」字爲「⿺辶藺」，並不省聲。

d所省之字卽所從之字。例如「筱」從「條」省聲；「條」亦從「筱」省聲。

本此四例，求之說文，雖未免過繁，然大致不外是也。

第五節　會意

㈠會意之定義　說文敍云：『會意者，比類合誼，以見指撝，「武」「信」是也。』蓋比物醜類而合於誼，亦猶之言擬於其倫也。指撝者，指歸也；撝本作「爲」，猶言指爲也；例如人三爲衆，止戈爲武之類是矣。乃自鄭樵作六書略，會意一類所收之字，頗多錯誤；如旣以並木爲「林」，屬會意，而以並山爲屾，屬象形；旣以重「夕」爲「多」，重「戈」爲「戔」，屬會意，而又以重「火」爲「炎」，重「田」爲「畕」，屬象形：致後人每有會意與象形相通之誤解。其實會意雖與象形有關，然象形以形爲主，會意以義爲主，其界義顯然，未可幷爲一談也。茲本段王二家之說，再簡括其定義如左：

會合兩文或三文以上之意義，成一個字之意義，卽是會意；例如信字之意義由「人」「言」兩文會合而成是也。

㈠會意亦爲圖畫之變　前人每以象形與會意相通，故有「會意定象形」之說，其實會意亦圖畫之變也。惟象形爲單體物象之圖畫，而因形見義；此則合兩個以上之物形圖畫，而會成一義；此其別也。劉師培曰：

會意中兩形並立之字，亦出於古代圖畫；例如「武」字從「止」從「戈」，在上古時，必畫一人作止戈之形；「信」字從「人」從「言」，在上古時，必畫一人作欲語之形；「位」字從「人」從「立」，即畫一人直立之形；「伐」字從「人」從「戈」，即畫一人荷戈之形；「男」字從「力」從「田」，即畫一人耕田之形；「婦」字從「女」從「帚」，即畫一女持帚之形；……由是言之，則會意者亦即古代之圖畫也。

由劉氏之說，足徵會意之字多出於象形，然不能以此遂謂會意即象形也；蓋其字雖多由象形合并而成，然會意自有其獨立之意義，未可與象形并爲一談；猶之形聲亦不可與會意混列也。

㈢會意之分類　會意之分類向有六家，今列舉如左：

(甲)鄭樵之分類

㈠正生　內分同母之合，異母之合兩類。

㈡續生

（乙）楊桓之分類

㈠天運之意；㈡地體之意；㈢人體之意；

㈣人倫之意；㈤人倫事意；㈥人品之意；

㈦人品事意；㈧數目之意；㈨采色之意；

㈩宮室之意；（十一）衣服之意；（十二）飲食之意；

（十三）器用之意；（十四）飛走之意；（十五）蟲魚之意；

（十六）生植之意。

（丙）吳元滿之分類

㈠正生　內又分本體會意，合體會意，二體會意，三體會意四類。

㈡變生　內又分省體會意，意兼聲兩類。

（丁）趙宧光之分類

❶同體。❷異體。❸省體。❹讓體。❺破體。

❻變體。❼側倒。

（戊）鄭知同之分類

❶正例。

❷變例　又分重形，意兼形，反形，意兼聲，省旁五類。

（己）王筠之分類

❶正例；

❷變例。

以上所舉楊氏分法繁雜無取，其他各家亦未盡善；茲本王氏分法稍加變通，列述於後云。

㊃會意之正例　會合兩個或三個以上之文字以成一個文字，意義相附屬，而不兼有其他條例者，即爲會意正例。其方法約分左列五項：

a因形會意。 如「男」「婦」「囚」等字，觀其形卽通其義者是。

b順遞會意。 如「武」「信」「位」等字，係合兩字以遞見其義者是。

c並文會意 以相同之字，左右並列，而得其合義；如「林」「棘」「甡」等是。

d重文會意。 以相同之字上下相重，而得其合義；如「炎」「棗」等是。

e疊文會意。 以三個以上相同之字，上下左右相疊，而得其合義；如「焱」「淼」「品」「㗊」（音吸古囂字）等是。

如上所舉字例，均不含其他條例，皆會意正例也。

㊄會意之變例 凡會意之兼有他項條例者，均爲變例，玆列舉七例如左：

a會意兼形。 例如「莫」篆文爲𦵹，（暮本字）以其意不可會，故置「日」於「草」中，則得「日將落」之意，卽「暮」意也。

b會意兼事。 例如「舁」共舉也；篆文爲𦥑，其字上爲兩反手，下爲兩順手，以其意不可會，而意在四手共舉，觀其四手所指，卽得共舉之意。

c 意。外。加。形。 例如「爨」從臼「冖」「大」「林」「火」是會意；「同」是加形。

d 變。文。會。意。 例如「屯」爲草木難出之意；從「一」卽地，從屮卽變屮形。

e 省。文。會。意。 例如「梟」從「鳥」省，鳥頭在木上。

f 反。文。會。意。 例如反正爲「乏」，(卽乏)「正」是受矢，「乏」是拒矢。

g 倒。文。會。意。 例如「帀」從倒㞢；「㞢」是出，倒出爲周帀。

上舉七例，可以窺見會意變例之大概矣。

㈥形・聲・與・會・意・之・區・別・ 形聲與會意均爲兩個文字以上之合體字，昔人如王子韶等多以二者相混，謂形聲字不但形中有義，卽聲中亦有義，果爾，則六書減爲五書矣。其實形聲以聲爲主，會意以義爲主。二者之性質及其來原，各有不同，約言之，其別有二：

a 會、意、之、聲、讀、係、獨、立、的、形、聲、之、聲、讀、非、獨、立、的、 會意係以兩個以上之文相合，但取其相合之義，而不取其各別之聲，故會意之聲讀是獨立的。如『武』『信』二字，雖合『止戈』與『入言』而成，然二字之聲讀，非出於『止戈』與『入言』也。反之如形聲，雖亦爲兩個以上之文相合而成，然其合成後之聲讀，仍不出於所合字之外，故形聲字之聲讀非獨立的而爲附屬的。此爲兩者不同之點一。

b 會意之義係總義，形聲之義係狹義 形聲字，雖其聲中有義，然不可誤認爲會意，此因會意之義係指兩文相合後之總意而言，若形聲中之聲，雖亦有義，然乃狹義，非總義也。此爲兩者不同之點二。

總之形聲與會意之性質不同，未可以其同爲合體而混爲一談也。

第六節 轉注

㈠轉注之定義 六書中惟轉注之說，言人人殊，然皆就許氏定義，糾纏不已。說文敘曰：「轉注者，建類一首，同意相受。『考』『老』是也。」蓋轉注取義於展轉注屬之謂，各家對於此義，大致尚可相通；惟『建類一首』四字，則解釋各有不同；究之許氏所謂『建類』者，果指何類，『一首』果爲何首：學者對此，聚訟紛如，迄無定論，惟自近人章太炎主聲之說出，於是前人之言轉注者悉廢；然前人之說，亦未可一概抹殺也。

㈡歷代轉注說之歸納及其批評　歷代言轉注者，無慮數十家，頗爲繁雜，茲再歸納之爲左列三派：

a 主形派　此派自許氏以後，大爲盛行，南唐之徐鍇，清代之江聲，皆其著者。江氏以爲建類者係建形類；「類」卽說文之五百四十部；「一首」卽每部之首字；謂凡從某部之字，其義皆從某，卽爲同意相受。此種說法，不免將轉注之範圍特別擴大；茍如其說，吾人只須認清五百四十部之首字，卽可通全部各字之義，恐識字不若是其易也。且凡從某之字，係以形言，非以義言，其同部而非同義者甚多。其說只能認爲合於「建類一首」，不能認爲同意相受，故不合於轉注之本義。至於唐人裴務齊孫愐等始倡「考字左回，老字右轉」之說，元人周伯琦等倡「側山爲阜，反人爲己」之說，則徒拘拘於一字之形，望文生義，更卑卑不足道矣。

b 主義派　此派以清人戴震爲最著。戴氏謂轉注者猶言互訓也；數字可以互相訓釋，曰轉注；例如爾雅釋詁云：「初、哉、首、基、肇、祖、元、胎、俶、落、權輿，始也。」「始」字以上諸字，均有「始」義，諸字卽可以互訓，則諸字悉爲轉注。此說一倡，於是段玉裁、王筠等和之；故淸人釋轉注者，多屬此派。惟許宗彥、張孚遠等力詆其說，謂戴氏以訓詁之學解釋轉注，不合本義；況其所舉爾雅之例，如「初、哉、……」以下諸字，均殿以「始」字，並非「建類一首」，只可認爲「建類一足」；且古人既造一「始」字，何必再造「初」「哉」等意義重複之字？故戴氏互訓之說，只能認爲合於「同意相受」，不合於「建類一首」；是其說亦不足信也。

c、主聲派　此派最晚出，近人章太炎首倡之，其說較前兩派爲合理。其釋轉注二字云：

甚麼叫做轉注？這一瓶水展轉注向那一瓶去，水是一樣，瓶是兩個；把這個意思來比喻話是一樣，聲音是兩種，所以叫做轉注。譬如有個「老」字，換了一塊地方，聲音有點不同，又再造個「考」字。有了這一件條例，字就多了。

其解釋轉注定義云：

何謂建類一首？類謂聲類；……首者，今所謂語基。……「考」「老」同在「幽」類，其義相互容受；其音小變，按形體，成枝別，審語言，本同株，雖制殊文，其實公族也。非直「考」「老」，言「壽」

者亦同。循是以推；有雙聲者，有同音者，其條例不異；適舉「考」「老」疊韻之字，以示一端，得包彼二者矣。……是故明轉注者，經以同訓，緯以聲音，而不緯以部居。

章氏此說，純本於音韻學之見地，明晰簡直，頗能去榛蕪而開大道；實足以揭諸家之蔽。雖顧實主衞恆「以類爲形」之說，反對之；然不足以撼之也。故自有章說，而諸家轉注之說可悉廢矣。

㈢轉注主聲說之修正　章氏云；「明轉注者，經以同訓，緯以聲音，而不緯以部居」其意以字之同訓同聲者，卽可認爲轉注；至其字形之部居如何，可以不問；故彼舉雙聲之「旁」「溥」等字同訓者爲轉注，此二字固不同部居也。其實轉注固以同音同義爲主體，而字形之是否相近，亦不可不問，如不問其形體如何，而概以轉注目之，則何以別於戴氏互訓之說也，故著者以爲轉注字當以「訓同」「音近」「形似」三者爲條件而後可；否則非完全之轉注也。試觀左列之轉注字例，卽可了然矣。

㈣轉注之字例　吾人依章氏主聲派之說以言轉注，而知其字例有三：卽

a 疊韻轉注　許氏所舉之「考」「老」二例，同屬「幽」韻；推之「壽」「耄」「耋」「耆」

等字亦然；即疊韻轉注也，此外如「刑」「剄」二字，同屬「靑」韻，二字義可互訓，形亦略近，亦屬此類；「標」「杪」二字，同屬「豪」韻，形似義同亦然。餘準此類推。

b 雙聲轉注　雙聲字亦多轉注，章氏曾舉「旁」「溥」二字當之，然其形不同；以二字互爲轉注，不但須聲近義同，即其字形亦須大致相近，如「強」「蚚」(音斤)二字，同屬「見」母，義可互訓，即雙聲轉注也。又如「頂」「顚」二字，同屬「端」母，義同聲近亦然。推之凡雙聲字之形近音近而義同者準此。

c 同音轉注　字有形稍不同，而音義相同者，亦爲轉注；若以音爲主，可名爲同音轉注。如「譸」「詶」二字，同訓爲「詛」，同音爲「州」是也。

上述三例，可以概一切轉注；其於「訓同」「音近」「形似」三條件，有一不合者，即非完全之轉注也。

第七節　假借

㈠假借之定義　說文敘云：「假借者，本無其字，依聲託事，令長是也。」由此可知假借皆係借他字以當此字之用，以不造字為造字者也。此為原始之假借，亦可名為假借之本義。

然古人往往不依此義，而衍為借他種同聲之字以當此字之用者；此為假借之流變。鄭康成解釋此種假借之意義曰：

……其始書之也，倉卒無其字，或比方假借為之，期於近之而已。受之者非一人，人非一鄉，由是同言異字，同字異言之例，遂滋多矣。

此言假借因方音而變，卽後起用字之假借也。凡論造字必探其原，故許曰「本無其字；」論用字但詳其流，故鄭曰「猝無其字；」二家異說而皆通。至鄭氏謂「其後人用其鄉，同言異字，同字異言，」則古代印刷術未行，書以口授而資筆錄，文隨言殊，不得不爾；後人目此種假借為通借字，不與原始之假借相混，蓋由於此。

㈡假借依聲義引申之說　假借本有依聲義引申之義：戴震六書論曰：

一字具數用者，依於義以引伸，依於聲而旁寄，假此以施於彼，曰假借。

江聲六書說云：

凡一字而兼兩義三義，除本義之外，皆假借也。

段玉裁說文解字注云：

異義同字曰假借，有假借而一字可數義也。如「令」之本義，發號也，「長」之本義，久遠也；縣令，縣長，本無其字，而由發號久遠之義，引申展轉而爲之，是爲假借。

張行孚假借說云：

造字之初，一字雖止一音，而字之疊韻雙聲，一轉卽變。此處讀「鮮」音，彼處必有讀「斯」音者；此處讀「丘」音，彼處必有讀「區」音者；此處讀「軒」音，彼處必有讀「昕」音者。逮其後，彼處所讀之音流傳於此處，則雖此一處，而一字有兩音矣，推之一切雙聲字皆然，此正古今方俗語音之變易；王筠所謂字音隨義而分，故有一字而數音數義者是也。然古今方俗語音雖有變易，要不出雙聲疊韻二者，此古今音韻假借所以莫非雙聲疊韻之字也，

此皆足申許氏「依聲託事」鄭氏「同字異言」之義者也。

㈢假借之分類　假借一例，向無精確之分類，若從許氏之定義，應分兩例：

a 借義、

b 借聲、

然從說文上檢查，凡假借字大都爲聲義相兼：例如「西」字，本義爲有「日在西方鳥便栖宿」之意，後引申之以指東西之「西」，此種假借，卽原始之假借，亦可名之爲假借正例；換言之卽「本無其字」之假借也。其他聲韻相近，而意義或相合或不相合之假借，如借「雕」爲「琱」借「羊」爲「祥」，卽鄭氏所謂倉卒無其字，隨意借用者，是爲借假變例。卽本有其字之假借也。

由上所述，可知假借之類有二：卽

a 本無其字之假借——卽原始之假借，爲正例，許氏主之。

b 本有其字之假借——卽後世之通借，爲變例，鄭氏主之。

（注意）何仲英文字學大綱於假借之外，另分「通借字」爲一章，著者參考各家之說，均認通借字係假借之流變，卽假借之變例也；故不另分通借字節目，而附於本節假借變例中；所以使學者明瞭假借之源流也。

㈣假借之正例　古人思想質朴，造字不多，只依其聲義相通，卽假彼字以表此義，而不另造此字，此卽許氏所謂本無其字之假借也。是爲假借正例。今舉例如左：

令　本爲號令之「令」字，假借爲縣令之「令」字。

長　本爲長短之「長」字，假借爲長幼之「長」字。

以上兩例，卽許氏所舉，爲假借之最純粹者。

來　本爲「瑞麥」之名，假借爲「行來」之「來」字。

烏　本爲「烏鴉」之「烏」字，假借爲「烏呼」之「烏」字。

以上兩例，說文註「以爲」二字，其實與上例相同。

理　本爲「攻玉」之「理」字，假借爲「義理」之「理」字。

道　本爲「道路」之「道」字，假借爲「道德」之「道」字。

以上兩例，許氏雖未明言，但亦當歸於「本無其字」之例。

吾國字，一形多有兼數義者：其中有本義，有借義，所借之字，當時並無本字，而後人亦未造字以代之，習用既久，反有以借義爲本義者；卽假借之正例也。

㈤**假借之變例**——**通借字**　自有假借正例以後，卽本有其字者，以用字者於倉卒之間，不得本字，亦假借聲同義近或聲同而義不近之文字以代之，於是開出**通借**之例，卽假借之變例也。今舉例如左；

專　借六寸簿之「專」字，爲嫥壹之嫥字；

前　借剪斷之「前」字，爲前後之「歬」字；

左　借佐佑之「左」字，爲左右之「左」字；

右　借佐佑之「右」字，爲左右之「右」字。

省　借省視之「省」字，爲減媘之「媘」字。

羽　借羽毛之「羽」字，爲五音之「⿰音羽」字。

氣　借饋客芻米之「氣」字，爲雲气之「气」字。

私　借禾穀之「私」字，爲公厶之「厶」字。

蒙　借草名之「蒙」字爲冡覆之「冡」字。

以上數字例，均見古籍；其中借字或爲後製之字，或爲先製之字，要之有本字而不用本字，因借用既久，本義反失，而借義遂彰；不通小學者，遂反以借義爲本義矣；此古書之所以難讀也。原夫假借變例之發生，實由古代以口耳治學；教者口授，學者耳聽而筆錄之；其出於教師之口者爲本字，而學者徒憑耳聽而記錄之，遂成借字。所以此種假借，其本字與借字之關係，不是雙聲，卽是疊韻；由是「同言異字」與「同字異言」之弊生矣；後人之慣寫「別字」，亦猶是也。今略舉例如左：

a 雙聲　例如周易「箕子之明夷」，趙賓作「荄茲」，「箕荄」雙聲，「子茲」亦雙聲，尚書「平章百姓」史記作「便」，「平」「便」亦雙聲。

b 疊韻　例如周易「彪蒙吉」，漢碑作「包」，「彪」「包」疊韻。尚書「方鳩僝功」說文作「旁」，「方」「旁」疊韻。

假借變例，大致不外此二例矣。

㈥虛字多出於實字之假借　造字之始，只有實義而無虛義；其後人事日繁，虛義寖多，於是不得不借實字以爲虛字之用；久之實字之本義失，而虛字反變爲無意義之字，用之者只想像其神情而已。此亦假借之一例也。茲略舉數字如左；

之　草出地也。　　云　與雲同，山川氣也。

於　孝烏也。　　烏　烏鴉也。

爲　母猴也。　　必　弓檠也。

而　頰毛也。　　維　車蓋系也。

則　等畫物也。　　隹　鳥之短尾也。

不　鳥不下也。　　至　鳥至地也。

由此類推，一切虛字，皆出於實字之借用，不過習用旣久，人漸忘其本義耳。

附王氏經義述聞今文假借一條卽講通借之例：其略曰：

許氏說文論六書假借曰：「本無其字，依聲託事，令長是也」。蓋無本字而後借用他字，此謂造作文字之始。至於經典古字，聲近而通，則有不限於無字之假借者，往往本字現存，而古本則不用本字，而用同聲之字。學者改本字讀之，則怡然理順；依借字讀之，則以文害辭。是以漢世經師作注，有「讀爲」之例，有「當作」之條，皆由聲同音近者，以意逆之，而得其本字，所謂好學深思，心知其意也。然亦有改之不盡者，迄今考之文義，參之古音，猶得更而正之，以求一心之安，而補前人之缺。例如：

a 借「光」爲「橫」，而解者誤以爲光明之光。（如尚書之「光被四表，」「光」本作「桄，」「桄」即古「橫」字，故「光被」本爲「橫被」。）

b 借「有」爲「又」，而解者誤以爲有無之有。（如論語「子路有聞，未之能行，惟恐有聞。」第二「有」字，應爲「又」字。）

c 借「時」爲「待」，而解者誤以爲四時之時。（如「遲歸有時，」時字本爲待字）

d 借「財」爲「裁」，而解者誤以爲財富之財。（如易「財成天地之道」。「財」字本爲「裁」字）

e 借「聞」爲「問」，而解者誤以爲聞見之聞。（如詩「亦莫我聞」「則不我聞，」兩「聞」字本爲「問」

字。）

f 借「盛」爲「成」，而解者誤以爲盛衰之盛。（如易「莫盛乎艮。」「盛」字本爲「成」字。）

g 借「政」爲「征」，而解者誤以爲政事之政。（如禮記檀弓「無苛政」「政」字本爲（征）字。）

h 借「粒」爲「立」，而解者誤以爲粒食之粒。（如詩「蒸民乃粒」「粒」字本爲「立」字。）

i 借「僞」爲「爲」，而解者誤以爲眞僞之僞。（如荀子「人之性惡，其善者僞也。」僞字當作「爲」字。）

此例爲王氏所無，特增。

j 借「公」爲「功」，而解者誤以爲公事之公。（如詩「婦無公事」公字本爲「功」字。）

k 借「勿勿」爲「忽忽」，而解者誤以爲勉勉。（如大戴禮「守此勿勿，」「勿勿」本爲「忽忽」。）

王氏舉例甚多，茲擇其習見者，節錄數例於此。由此可知古人之慣用借字以代本字，實取其聲音相近，而不取其義；間有取其義之相近者，然不知其本字，而隨其借字爲解，則失之毫釐，謬以千里，此讀古書者所以首宜辨通借字也。

第四篇　字義

第一章　字義的起原

㈠字義與聲音之關係　字義之立，基於聲音；字義之變，亦基於聲音。故有一義而攝數字如轉注者，有一字而生數義如假借者，皆聲轉或音近為之也。聲有發送，呼有開合，紐有旁正，稍訛則變矣；變則他字生而訓可相通也，音有清濁，言有長短，氣有緩急，稍訛則變矣；變則他義生而用可相假也，如「弘」「洪」「溥」「丕」，聲轉而訓相通也；「茲」「斯」「予」「吾」，音近而訓相通也；「齊」「齊」「長」「長」，聲轉而用相假也；「女」「女」「樂」「樂」，音近而用相假也。本此義例，擴而求之，則轉注之數字一義，假借之一字數義，可不煩言而解，而訓詁之事思過半矣。

㈡字義變遷之原因　字之音形有古今，其義亦有古今；所謂古義者，字之本義也；所謂今義者，由古義引申而出者也。不通古義，則不得文字之根源；不通今義，則不明文字之應用；然今義易知，古義難明，學者苟不通古義，則不能讀古書；欲讀古書、勢必借徑於訓詁之學以通古義；此訓詁之學之所以重要也。

訓詁學者，繙譯之學也；讀古人之書，所以必需訓詁之學者，則以古今字義不同；不得不治此學以通古今之郵也。然古今字義不同，非由其本體然也；實由其應乎時地而變遷也。考其原因，約有三種：

a、時的關係　古代人事簡樸，因事造字，粗具其耑；一物一名，不煩訓詁。其後人事日繁，新物日出，或古無而今有，勢必立新名以應之；或古有而今無，亦必廢舊名而不用；其新者固一望而知，其舊者必資乎訓釋；且一物之名，古今稱謂往往不同，甚有一物而具數名者，更非資乎訓詁之學，無由知其命名之故。所以後世治學之士，欲識古義，通古言，非以今語釋古語不可：此爾雅釋詁之所由作也。

b、地的關係　吾國領土廣闊，交通不便，語言方音，隨地不同，文字讀音，因之而異；故有同一名義，往往各就方音另創文字，所謂「言語異聲，文字異形，」不僅戰國然也，即統一之時代，各地亦往往有之;由是齊言楚語,時見於書;俗字鄙文,學者不曉。是以生於齊者,不通楚語;生於楚者,不喻夏聲;今欲溝通各地之異文,非以雅言釋方言不可:此爾雅釋言之所由作也。

c 文言的關係 吾國言文兩歧,由來舊矣;口之所語與筆之於書者,逈然不同。蓋口語尙俗,書語尙文;文言既非盡人所能知,俗語則爲常人所共喻;如此而欲通言文之郵,非以直言釋文言不可;此爾雅釋訓之所由作也。

有此三因,遂分三類;三類之分,始於爾雅,卽所謂,以今語釋古語,以雅言釋方言,以直言釋文言是也。

㈡訓詁學之起原 訓詁之學,古無有也;東周以後,此學漸興。蓋在東周以前,文字單簡,一物一名,一字一義,無煩訓詁;春秋以後,諸侯力政,言語異聲,文字異形,流轉既多,通情不易;於是以形、音、義、三法解釋文字之學,萌芽於是矣。例如孔子之釋「王」「士」,(說文載孔子曰「一貫三爲王」,「推十合一爲士」之類是)韓非之釋「公」「私」,(韓非顯學篇云:「自環爲私,背私爲公」。)以形訓者也;周易之釋「乾」「坤」,(易乾健也,坤順也。)孟子之釋「庠」「序」,(孟子云:「庠者養也,序者射也」)以音訓者也;

老子之釋「希」「夷」，（道德經云：「視之不見名曰希。聽之不聞名曰夷，搏之不得名曰微。）公羊之釋「京」「師」，（公羊傳曰：京，大也，師，衆也；京師，言大衆所居也）。以義訓者也。由此可見訓詁學之三法（形訓，音訓，義訓）已備於此時矣。

卽以三類而言，此時亦已大備。如孟子之云：「夏曰校，殷曰序，周曰庠，」爾雅之稱「唐虞曰載，夏曰歲，商曰祀，周曰年，」此以今語釋古語也。左傳稱楚人謂「乳」曰「榖」，「虎」爲「於菟」；爾雅稱齊陳之間稱「離」爲「斯誃」，此以雅言釋方言也。又如孟子稱「泄泄猶沓沓也」，爾雅稱「明明斤斤，察也」；「條條秩秩，智也」；此以直言釋文言也。

由上所述，可見訓詁之學，實起於東周時代也。

第二章　訓詁學之專著

第一節　爾雅系之專著

㈠爾雅爲訓詁最古之書　爾雅爲我國訓詁字義最古之書，亦我國最古之字義的字典也。今分別述其要點如左：

a 爾雅之意義　清阮元曰：「爾、近也，雅、正也，雅言，猶官話也，方言而近於官話，故曰爾雅。」此阮氏牽合「子所雅言」之義，以釋爾雅之義者也。大凡言文之近於雅正而可取則者，爲爾雅。其命名之意義大致如此。

b 爾雅之來歷　大戴記云：「孔子對魯哀公曰：『爾雅以觀於古，可以辨言。』」可見此書在孔子以前即有之。惟其書非成於一代，亦非出自一手：其補綴複見之痕迹，隨處可見。相傳首篇釋詁爲周公所作；釋言以下爲仲尼所增，子夏所足，叔孫通所益，梁文所補；其說雖不可信，然其書大半出於春秋以後七十子之徒所爲，經漢儒爲之補綴增輯，遂成今之十九篇。其來歷如此。

c、爾雅之義例　爾雅共十九篇，其篇目如左：

釋詁　釋言　釋訓　釋親　釋宮　釋器　釋樂　釋天　釋地　釋丘　釋山　釋水

釋草　釋木　釋蟲　釋魚　釋鳥　釋獸　釋畜

大抵前三篇最早，後十六篇係出於七十子及漢儒之增輯；前三篇爲會通言文。後十六篇爲訓詁。名物；此其義例之不同也。其書詮釋五經字義，頗爲精核；而於詩三百篇之名物，訓釋尤多。故班固云：「古文讀應爾雅。」王充云：「爾雅爲五經之鈐鍵。」鈐鍵、猶言鎖鑰也。漢書藝文志以此書附於孝經之末，小學之前，蓋以其與孝經同爲六藝之總匯也。然嚴格言之，此書應屬於小學類，以訓詁爲小學之一也；班氏附之孝經之末，亦太疏矣。

d、爾雅注之本　爾雅在前漢時代，注意者甚少。武帝時，外國貢豹文之鼠，在朝諸臣無能名之者，惟終軍本爾雅釋獸「豹文鼮鼠」之文，名之爲鼮鼠，由是學者始重其書。迭經漢儒修補。至東漢而大備，樊光李巡孫炎等，均有音義之作。（均佚）至西晉時代，郭璞以二十年之功力，作爾雅注，至今遵用之，宋人更列此書爲十三經之一。清人郝懿行作爾雅義疏，邵晉涵作爾雅正義，郝書尤稱善本云。

㈡爾雅系之著作 自爾雅既作，訓詁始有專書，後人仿其體而續之者，尙有數種，可補爾雅之不逮。茲依其次序如左：

a 小爾雅 漢志有小爾雅一篇，不著撰人名氏。今本係從孔叢子第十一篇中分出，故後人相傳爲孔鮒作。其書本分十章，卽廣詁、廣言、廣訓、廣義、廣名、廣服、廣器、廣物、廣鳥、廣獸是也；又益以度、量、衡、共爲十三章，頗可資考據；然時有錯迕，如謂「鵠中者謂之正」，「四尺謂之仞」，皆與經義不合；此其短也。

b 廣雅 廣雅者，廣爾雅也。係三國魏人張揖撰，因爾雅十九篇舊目，博采漢儒箋注及三倉說文諸書以增廣之，故曰廣雅。隋曹憲曾爲之音釋，以避煬帝諱，改名博雅，故二名並行。清王念孫作廣雅疏證十卷，據箋注傳記諸書，糾其謬誤，考證極精核，其書遂行。

c、埤雅　宋陸佃撰。共二十卷，分釋魚、獸、鳥、蟲、馬、木、草、天、八篇。大抵略形狀，詳名義，初名物性門類，後改今名，爲爾雅之輔。

d、爾雅翼　南宋羅願撰，分釋草、木、鳥、獸、蟲、魚、六篇，考據精博，體例謹嚴，王應麟後序稱其「卽物精思，體用相涵，本末靡遺」，非溢美也。

此外如明人朱謀瑋之駢雅，命名似仿爾雅，然只取古書文句典奧者，聯二字爲一詞，駢異文爲同義，乃詞藻之書，非訓詁之專著也，故不具列。

第二節　爾雅釋言系之專著——方言

㈠揚子方言爲釋言系之專著　爾雅釋言一篇，首立以雅言釋方言之例，後代專演此類方法而著爲專書者，首推揚子方言。

a、方言作者之辨正　方言凡十三卷，舊題漢揚雄撰。然漢志並未著錄，卽雄本傳，亦未言及，故宋人洪邁疑其爲後人僞託。惟考之於史，雄於平帝徵集天下儒生說字未央宮時，載筆問諸儒以各地方言，因作此書；且劉歆與雄同時，嘗致書於雄，求觀其書；又如應劭之注漢書，孫炎之注爾雅，杜預之注左氏傳，亦嘗援引其說；彼等與雄之時代相距不遠，並無一字疑及其爲雄作，無疑也。

b　方言之注本　方言於一名一物，必詳其語言之異同，故訓詁家多資以考證古義。清人戴震爲之疏證，更正其脫誤之字不少，極爲精核；又有錢繹爲之箋注，亦稱精善。杭世駿又仿其體作續方言二卷，博采注疏說文釋名諸書以補其缺。近人章太炎復作新方言一書；此皆演釋言系之專書也。

c　方言之義例　方言之義例有四；今分述之如左：

a　一義而各處方言不同，則字從而異：　例如

黨、曉、哲，知也。楚謂之黨，或曰曉；齊宋之間謂之哲。

虔、儇，慧也。秦謂之謾；晉謂之懇；宋楚之間謂之倢；楚謂之譴；自關而東，趙魏之間謂之黠，或謂之鬼。

b　方言不同，而其中或有深淺之別。例如

咺，唏，怞，怛，痛也。凡哀泣而不止曰咺；哀而不泣曰唏。於方，則楚言哀曰唏；楚之外鄙，朝鮮洌水

之間，小兒泣而不止曰咺：自關而西，秦晉之間，凡大人小兒泣而不止，謂之嘵，哭極音絕亦謂之嘵；平原謂啼極無聲謂之嘵哴；楚謂之噭咷；齊宋之間謂之喑，或謂之惄。

c 一物因方言不同而有數名。例如

汗襦：江淮南楚之間謂之褿；自關而西謂之袛裯；自關而東，謂之甲襦；陳魏宋楚之間，謂之襜襦，或謂之襌襦。

d 物有數名因分別而異其名。例如

凡箭鏃，四鐮者，或曰拘腸；三鐮者，謂之羊頭；其廣長而薄鐮謂之鉀，或謂之鈀。由上所述，可見方言內容之一般矣。

第三節　形訓與音訓之重要的專著

東漢時代，訓詁學發達，其專門訓詁之書，約分兩派；如許氏說文主以形訓字，是為形訓派；劉熙釋名主以音訓字，是為音訓派。茲略述兩書內容如左：

㈠說文　係東漢汝水長許愼作。其書本於篆體，分部五百四十，固以字形爲綱，因形立訓；然其說字也，必先舉字義而後及字形；卽字義之明顯者，亦必詮釋。其分部也，亦視形義之近者，以相隸屬；故其書不特爲完密之字書，亦訓詁之總滙也。今就其大較言之：指事象形之字，多用形訓；形聲轉注之字，多用音訓；會意假借之字，多用義訓：其兼此三者，亦雜見焉；然大致則以形訓字之書也。今分述其要點如左：

a 說文解字注之特點　說文自東漢以後，治之者甚少；雖唐、宋間徐鉉、徐鍇、李燾、吾丘衍等稍有著述，然殊少發明。淸代自惠棟、江永以下，治此學者寖多；尤以段玉裁致力尤深。其所作說文解字注三十卷，先就本書融會貫通以求義例，然後以義例律之本書，故有許多創見書中亦間有獨斷之處，其後鈕玉樹作段注訂，徐承慶作段注匡謬，然終不能蓋之也。段氏以後，治斯學而有專注者不少；惟朱駿聲之說文通訓定聲，會通音形義三者，別創義例爲特著云。

b 段注說文之義例　段注說文之所長，在於能用歸納方法以發明義例，如所發明漢人作注之例，則其尤精者；故注中多根據此點立說。其言曰：

漢人所注，於字發疑正讀，其例有三：一曰「讀如」「讀若」；二曰「讀爲」「讀曰」；三曰「當爲。」「讀如」「讀若」者，擬其言也；古無反語，故爲比方之詞。「讀爲」「讀曰」者，易以相近之字，故爲變化之詞。比方主乎同，音同而義可推也；變化主乎異，字異而義瞭然也；比方主乎音，變化主乎義；比方不易字，故下文仍主經之本字；變化字已易，故下文輒主所易之字，注經必兼茲二者，故有「讀如」有「讀爲」。字書不言變化，故有「讀如」，無「讀爲」；有言「讀如某」「讀爲某」而某仍本字者，「如」以別其音，「爲」以別其義。「當爲」者，定爲字之誤，聲之誤，而改其字也，爲救正之詞。形近而譌，謂之字之誤；聲近而譌，謂之聲之誤；字誤聲誤而正之，皆謂之「當爲」。凡言「讀爲」者，不以爲誤；凡言「當爲」者，直斥其誤。三者分，而漢注可讀，而經可讀。三者皆以音爲用，六書之形聲假借轉注，於是在矣。（周禮漢讀攷序）

自段注出，王念孫推爲「千七百年無此作」；阮元序其書謂「自先生此言出，學者凡讀漢儒經子漢書之注，如夢得覺，如醉得醒，不至如冥行擿埴，此先生之功也」。由此可見段注之價值矣。

㈡釋名　東漢劉熙（成國）撰。凡二十七篇，其篇目爲

釋天　釋地　釋山　釋水　釋丘　釋道　釋州國　釋形體　釋姿容　釋長幼　釋親屬　釋言語　釋飲食　釋綵帛　釋首飾　釋衣服　釋宮室　釋床帳　釋書契　釋典藝　釋用器　釋樂器　釋兵　釋車　釋船　釋疾病　釋喪服

其書全本音訓之法，譬況假借以證字音，幾於無字不由聲轉音近而來；六書轉注假借之用，此書則盡發之；然往往傷於穿鑿附會。今舉其音訓四例如左：

a　一名數義義各緣聲　例如

乾，健也，健行不息也。又謂之元，元，懸也，如懸物在上也，（按元字訓「懸，」近於穿鑿。）

b　即本字之聲以求其義　例如

宿，宿也，星各止宿其處也。

c　一字數聲聲各求義　例如

車，古讀如「居」，言所以居人也。今日車，（讀如遮）行者所處，若車舍也。

d　推本字之聲以演其義　例如

喘，湍也湍，疾也；氣出入湍疾也。

凡此四例，爲釋名書中所常見者；雖不免附會，然文字孳乳出於衍聲之理，於玆可見，故其書亦頗爲學者所重。清人江聲爲之疏證，又作續釋名一書，亦本書之羽翼也。

第三章　訓詁法

第一節　音訓

㈠音訓之意義　凡以音近之字訓本字者，是爲音訓。音訓爲訓詁法之正例。蓋以上古之世，一字一義，只以言語不同，遂分爲數字，故凡音近之字，義多相通，可以彼此互訓而得其義；劉熙釋名，卽應用此法而作也。清代治許鄭之學者，亦多側重音訓；而知聲音相近之字，在古人可以通用，彼等應用此法，遂發見種種條例，後之學者得其指導，遂覺古書不難讀矣。此音訓之所以重要也。

㈡音訓之義例　音訓之例有四：今分述之如左：

a 以有偏旁之音訓無偏旁之字　造字之始，本無偏旁，其後本字之義，多爲借字所奪，後人遂不得不於本字上加偏旁以別之；故有偏旁之字，皆後起孳乳之字也。因之音訓上遂有以孳乳字訓

本字之例。如

易「咸、感也」。　荀子「君、羣也」。

釋名「春、蠢也；物蠢動而生也」。　又「土、吐也；吐生萬物也」。

b以無偏旁之字訓有偏旁之字　此法爲上法之反。例如

論語「政者、正也」。　孟子「征之爲言正也」。

釋名「佐、左也；在左右也」。　又「憶、意也；恆在意中也」。

c雙聲爲訓　此爲吾國訓詁最普通之例。如

易「彖者材也」。——彖爲「知」母，材爲「澈」母，旁紐雙聲。

孟子「畜君者好君也」。　畜爲「曉」母，好爲「匣」母，旁紐雙聲。

又「序者射也」。——序爲「心」母，射爲「審」母，旁紐雙聲。

說文「戶、護也」。——同爲「匣母」，同紐雙聲，亦爲疊韻字。

釋名「覺、告也」。——覺爲「見」母之柔聲，告爲「見」母之剛聲，同紐雙聲，亦爲疊韻字。

又、「嗟、佐也」。——嗟爲「精」母，佐爲「照」母，旁紐雙聲。

d、疊韻爲訓 此亦吾國訓詁最普通之例。如

易「乾、健也」。——乾爲「先」韻，健爲「願」韻，古同韻部。

又「坤、順也」。——坤爲「元」韻，順爲「震」韻，古同韻部。

左傳「枵、耗也」。——枵爲「蕭」韻，耗爲「號」韻，古同韻部，

孟子「庠者養也」——庠爲「陽」韻，養爲「養」韻，古同韻部。

禮記「仁者人也；義者宜也」。——「仁」「人」同爲「眞」韻。「義」爲「寘」韻，宜爲「支」韻，古同韻部。

說文引孔子說：「貉之爲言惡也」。——「貉」「惡」同爲「藥」韻。

又引孔子說：「狗、叩也」。——「狗」「叩」同爲「有」韻。

上述四例，推而廣之，可以盡音訓之義例矣。

第二節　形訓

㈠**形訓之意義**　以字形解釋字義者，謂之形訓。說文於一字下，既言其義，復云从某，卽形訓之證。其他諸子傳記涉於字義者亦多用此法。而六書中之會意形聲，亦可依形爲訓也。

㈡**形訓之義例**　形訓諸例，本可求之說文，今本何氏所引諸字例擇要釋之如左：

a **反正爲乏**　正字篆文作正，反寫爲乏，卽「乏」字也。可知「乏」字本有不正之義。今俗書「不正」爲「歪」，後起之俗字也。

b **皿蟲爲蠱**　蠱字說文作蠱，从皿，从蟲，故卽以「皿」「蟲」二字訓「蠱」字，會意字也。

c **推十合一爲士**　說文「士，事也。數始於一，終於十，从一十。」孔子曰：「推十合一爲士。」段注及梁顧野王玉篇皆作「推一合十」；小徐本及廣韻均作「推十合一」，似徐說爲長；以數始一終十，學者由博返約，故云：「推十合一」，卽博學、愼思、審問、明辨、篤行，以求至是也；若一以貫之，則聖人之極致也。

d 一貫三爲王 說文云：「王者，天下所歸往也」。董仲舒曰：「古之造文者，三畫而連其中，謂之王；三者天地人也，而參通之者王也」。

e 雧 說文「羣鳥在木上也，从雥木」會意，省文爲「集」。

㈢形訓之流弊 古人象形造字，依形立訓，使人見其字形而知其義，法至便也。後世人事日繁，知識日進，古代字形未經改造，已與現代之事物不符，雖仍依形訓，究不合於現代事物之本意。例如

鏡 古人以銅爲鏡，古鏡字从金，竟聲。宋元以後，鏡均以玻璃爲之；故此字已失其形訓之本意。

虹 古人迷信「虹」爲蟲類，係天地之淫氣所生，故虹字从虫，工聲。今人知「虹」爲雨後日光全返射之現象；故此字已失其本意。

杯 古人以木製杯，故其字从木；後世之杯，多以陶磁爲之，故此字已失其本意。

斬 古人用車裂之刑，故「斬」字从車从斤，「斤」有斧斤之義，亦執行死刑者所常用也。今則殺人之法甚多，車裂斧斤，均已不用，故此字亦失其本意。

鯨 古人信「鯨」居水中爲魚類，今則證明其爲哺乳類，故此字之形訓，亦不可從。

其他形訓之字，亦多失其本意者，可準此類推。

第三節　義訓

㈠義訓之意義　字義有不可以音形爲訓，而須加以說明者，是爲義訓。此爲訓詁之常法，通異言，辨名物，前人所以詔後，後人所以識古，全賴於此。惟義訓貴乎明晰簡直，不在煩言碎詞；漢人經注，言簡意賅，六朝以後則尚儷辭，宋人一意於敷衍義理，此則應乎時代之風氣而然，非義訓之本旨也。

㈡義訓之義例　義訓之法甚多，今就何氏所舉諸例，釋之如左：

a直訓其義　即直言某字訓某，其所訓之字，或取同義，或取同音，而以同音爲正例。如

易「震動也」——以「動」訓「震」，取其同義也。

孟子「洚水者洪水也。」——以「洪」訓「洚」，取其同爲雙聲也。

b陳說其事　即以一事釋一字之義，多用「爲」字以爲確指之辭；亦有用「曰」或「謂之」或「之謂」者。例如

爾雅「善父母爲孝；善兄弟爲友。」——此用「爲」字者。

禮記「天子之妃曰后；諸侯曰夫人。……」——此用「曰」字者。

論語「言未及之而言謂之躁。……」——此用「謂之」者。

易繫辭「一陰一陽之謂道。……」——此用「之謂」者。

c以狹義訓廣義　此必本字之意義甚爲廣泛，故注者隨本文所取之狹義以訓釋之。例如

鄭玄禮記注「述謂述其義也。」——「述其義」爲「述」之狹義。

又「道謂仁義也。」——「仁義」係「道」之狹義。

又「欲謂邪淫也。」——「邪淫」係「欲」之狹義。

d以虛義訓實義　此因字包數音，音包數義；或以虛義訓實義，或以此音訓彼音。大抵實義爲名詞，虛義爲形容詞。例如

易「蒙者蒙也。」——上「蒙」字爲卦名；下「蒙」字爲形容詞，意如「昧」也。

又「晉者進也。」——「晉」「進」同音，卽以此音擬彼音而訓其義也。

e數字遞相爲訓 此因本義難明，非片言可解，故須以數字遞相訓釋。惟既以彼字訓此字，則彼字所含之義，亦爲此字所兼有矣；故展轉其辭以訓釋之。例如

禮記：「福者備也；備者，備百順之名也，無所不順之謂備。」

莊子「庸也者用也；用也者通也；通也者得也。」

尙書大傳「征伐必因蒐狩以閑之；閑之者何？貫之。貫之者何？習之」。

f加字爲訓 此因本字深奧，乃加數字以明其義；此實開宋儒增字解經之漸。如毛詩關雎硬加「后妃有關雎之德」數字，遂使後代學者聚訟紛如，此實漢儒啓之，不可專責宋儒也。例如

詩「窈窕淑女，君子好逑。」——毛傳「窈窕，幽閒也；淑，善；逑，匹也；言后妃有關雎之德，是幽閒貞專之善女，宜爲君子之好匹。」

g比喩爲訓 卽以他字易本字，或以本字該有他字之義，或以比喩訓之。以此爲訓者，多用「猶」「如」等字以爲之介云。例如

詩「維天之命」——鄭箋「命猶道也」。

禮記「不興其藝，不能樂學」。——鄭注：「興之言喜也歆也」。

由上述諸例，可以知義訓法之大概矣。

第四節　以共名訓別名

荀卿云：「物也者，大共名也；鳥獸也者，大別名也。」此言正名百物，本有共名別名之分；惟別名雖與共名不同，然共名可以包括別名。是以同類事物，有不可以別語爲訓者，卽以共名訓之；如共名字義有不明瞭者，則加說其德業事狀，以確定其意義。例如

爾雅釋詁「初、哉、首、基、肇、祖、元、胎、俶、落、權輿、始也。」——其中「始」爲共名，餘爲別名；如「初」爲裁衣之始；「哉」字古文作「才，」草木之始也。首，頭也，人身部位之始。基、牆始築也。「肇」古文作「肁，」戶始開也。祖、宗廟之始。元、善之長也，長卽「始」義。胎、人成形之始也。俶、動作之始也。落、木葉隕墮之始也。權輿、天地之始也。此乃造字之本，各有專義，然可假借而通用之。「始」爲女子之初，古所通用，故取爲共名，以之訓諸字也。

左傳：「凡師、一宿爲舍；再宿爲信；過信爲次。」——宿爲共名；餘爲別名。

又「師有鐘鼓曰伐；無曰侵；輕曰襲。」——師爲共名，餘爲別名。

禮記「天子之妃曰后；諸侯曰夫人；大夫曰孺人；士曰婦人；庶人曰妻」——古以「妃」爲共名，餘爲別名；今則以「妻」爲共名，餘爲別名；此共名與別名又因時而異也。

又『祭有四時：春祭曰「礿」；夏祭曰「禘」；秋祭曰「嘗」；冬祭曰「烝」』——祭爲共名，餘爲別名；但此爲周代之制；後世於此諸別名，漸廢不用矣；此別名又因時而革者也。

然大別名之中，復有其小別名焉；如「鳥」爲大別名中之共名，而鷹隼鵰鶚……則又爲其小別名焉：「獸」爲大別名中之共名，而虎、豹、犀、象……則又爲其小別名焉。總之世愈文明，人類分析事物之智力日進無疆；古之所謂別名者，今則視爲共名；今之所視爲別名者，焉知異日又不視爲共名乎？故共名別名之別，非一成不變者也。

第五節　以雅言訓方言

雅言者，猶今之普通話也；方言爲一地方之話；方言有難曉者，當以雅言解釋之。如爾雅中之釋言，漢揚雄之方言，近人章太炎之新方言，皆應用此法。以通雅俗之郵者也。例如

爾雅釋言「斯、誃，離也。」——注「齊陳曰斯誃，」斯誃爲方言；離爲雅言。

又「粲、餐也。」——注「今河北人呼食爲粲。」粲爲方言，餐爲雅言。

左傳『楚人謂「乳」爲「穀」，「虎」爲「於菟」。』「穀」與「於菟」爲方言，「乳」與「虎」爲雅言。

揚子方言「海岱之間，罵奴曰臧；罵婢曰獲。燕之北郊，民而壻婢謂之臧；女而歸奴謂之獲。」——臧獲爲方言，奴婢爲雅言。

又「曾、訾、何也：湘潭之原，荊之南鄙，謂「何」「爲曾」，或謂之「訾」；若中夏言「何爲」也。」——曾、訾、爲方言，「何」爲雅言。

周禮「卜葬兆甫竁亦如之。」鄭注「竁，」謂葬穿壙也；今南陽名穿地爲「竁」。

公羊傳「晉之不言出入者，踊爲文公諱也。」何休注；「踊，豫也，齊人語，若關西言渾矣。」——

「踊」爲方言，「豫」爲雅言。

由上所述諸例，可見古人喜以方言入文，在當時固無解釋之必要；歷世既久，古語失効，勢必賴訓詁家之解釋，方可通其意義。其風實開於尙書之盤庚大誥等篇，其中喜以河北關西方言入文，後人苦其詰詘聱牙而不易通，故注訓之書，尤不可少。推之兩漢以下，方言入文，尤指不勝屈，如「夥頤」之爲「驚羡」，「甯馨」之爲「如此」，「遮莫」之爲「儘教」，「生憎」之爲「討厭」，「恁地」之爲「如此」，「熱勑」之爲「赦書」，「淋淥」之爲「慧眼」……皆散見於書之古代方言，苟非前人以雅言釋之，眞百思不得其解者也。其方言之散見於宋元以後語錄說部曲劇者，幾更僕難數；治國學者，不但古字古言爲難通，卽歷代之方言俗語，亦不易了解：此以雅言釋方言之法所以至今不廢也。

第六節　以今訓古

古代語言文字，與後代語言文字迥不相同；後人欲了解古語古文，自非以今訓古不可。說文云：

「詁、訓古言也」。意卽指此。惟此法須再分爲二：

a 以今語訓古語　古語難明，後人多借俗語以訓之，例如

禮記鄭注云：「仁讀如『相人偶』之人。」——「相人偶」三字，卽漢世俗語也。

又鄭注云：「移讀如『汜水移』之移。」——「汜水移」三字，亦漢世俗語也。

周禮杜子春注云：「椹讀爲齊人言鐵椹之椹。」「鐵椹，」漢世齊人方言也。

b 以今制訓古制　古今制度，雖有沿革不同，然大致不甚相遠，故以今制訓古制，實爲必要。例如

左氏傳「郯子言：祝鳩氏司徒也。」——此言官名本爲祝鳩，言司徒者，以後代之官况之也」。

漢鄭玄注周禮；往往以漢代官制，訓周代官名；唐人賈公彥作周禮正義亦喜以唐代官名，訓周官制；推之其他學者，遇古代典章制度之文，多用當代官名釋之，雖不盡合，然大致可使學者了解其名物之涵義也。

由上所述，可知以今訓古，實訓詁名物之通例也。然學者以好古過甚，反有以古訓今之流弊；如

稱吏部必曰天官曰冢宰；稱刑部必曰秋官曰司寇；稱御史必曰納言；稱知府必曰郡守；推之地名亦喜用古代之名：如江浙必曰吳越；四川必曰巴蜀；河北必曰燕趙：即一縣一城，亦必搜其古名而應用之：此則徒淆亂人耳目，既反訓詁之大例，復違當代之事例，固執不通，於古訓今制，兩無當也。

第七節　反訓法

古人用字有與字義相反者，謂之反訓；此乃訓詁法之變例也。例如

「亂」之反訓爲「治」　如論語「予有亂臣十人」。馬融注：「亂，治也。」

「息」之反訓爲「長」　說文段注「息、引申爲生長之稱，」故「生息」猶言「生長，」俗稱「生利」曰「生息」。

「擾」之反訓爲「馴」　左氏傳「乃擾畜龍」。注「擾、馴養也。」

「面」之反訓爲「背」　史記項羽紀「馬童面之」。顏師古注「面、謂背之不面向也。」

「臭」之反訓爲「香」　易繫辭「其臭如蘭」。正義「臭、香馥如蘭也。」

「糞」之反訓爲「除」禮曲禮「凡爲長者糞之禮。」注「糞、掃除也。」

諸如此類，不勝枚舉。亦有以兩字相連爲反訓者；例如小爾雅廣訓云：

無念，念也；無甯，甯也；不顯，顯也；不承，承也。

又如詩毛傳云；

不甯，甯也；不康，康也；不時，時也；

此以兩字相合，而以其反義釋之：此例在詩三百篇中尤多，讀詩者不可不知也。

第四章　虛字之訓詁及其用法

行文不外虛實兩字；實字其體骨，虛字其神情也。故經傳中實字易訓，虛字難釋，凡操筆爲文者，以虛字措諸句讀間，皆知其當然，而不知其所以然，雖經師宿儒亦有不知。故虛字之種類，尤宜曲證分解，辨析毫釐，使學者知而區別，然後施之於文，庶幾各得其當。茲依馬氏文通例，分虛字爲介字、連字、助字、歎字四種，而前三者爲尤要；特爲之講述於後節云。（歎字從略）

第一節　介字

馬氏文通曰：「文中實字孰先孰後，原有一定之理，以識其相互維繫之情，有非先後之序所能畢達者，因假虛字以明之，所謂介字是也。介字云者，猶云實字之介紹也，其最習見者爲五字。卽

之　於　以　與　爲

四：㈠「之」字之用　「之」字有作動字用者，則訓爲「往」爲「赴」；其作代字用者，則訓爲「彼」爲「其」；玆置不述，述其爲介字者。

「之」字之用爲介字者，則不爲義，故曰虛字。經生家訓「之」字云：「言之間也。」其用法有

a介於兩名字之間者　例如周禮考工記云：鄭之刀，宋之斤，魯之削，吳粵之劍。

此中如「鄭刀」「宋斤」「魯削」「吳越劍」均爲名字，以「之」字介之，則如俗語之「的」，所以舒其文也。

b介於靜字與名字之間者　例如左傳云：猶求聖哲之上明察之官，忠信之長，慈惠之師，民於是乎可任使也，而不生禍亂。

按聖哲，明察，忠信，慈惠等字，皆兩字同系之靜字，而所附之「上」，「長」，「官」，「師」，皆名字，故介以「之」字，此卽英文之靜字成語 Adjective phrase 也。然諸靜字之與名字連用者，亦可

作名字用之。

c介於代字與名字之間者 例如漢書賈誼傳云：

若夫慶賞以勸善，刑罰以懲惡，先王執此之政，堅如金石，行此之令，信如四時。

按「此」爲指示代字，後加「之」字，不爲義，猶云「此政此令也」也。此種句法，後人用者較少。

d介於動字與名字之間者 例如孟子云：

民之歸仁也，猶水之就下，獸之走壙也。

按「民」「水」「獸」皆名字，「歸」「就」「走」皆動字；中間「之」字，綴詞也。

㈡於字之用 「於」與「于」同，其意猶「在」，常語也，所以聯絡實字也。其用有三：

a附於目的字用於動字之前 例如論語及孟子云：

於女安乎？（論語）於我心有戚戚焉。（孟子）

按「安」「有」兩字均爲動字，「女」「我心」則爲「安」與「有」之目的字，附於「安」「有」兩字以表其意之所重，故先之，猶之英文之目的位，有時以加重語氣之關係，而置於動字之前；又因「安」「有」兩字爲內動字，故須介字之「於」字，位於目的字之前，以表示其目的字對於內動字之關係爲間接的而非直接的也。

b 附於目的字用於動字之後　例如論語及孟子云：

据於德，依於仁，遊於藝。（論語）

舜生於諸馮，遷於負夏，卒於鳴條。（孟子）

按「据」「依」「遊」及「生」「遷」「卒」等字均爲動字，而「德」「仁」「藝」「諸馮」等字爲目的字；兩種字均以「於」字介之，「於」字即緊附於目的字之前，而次於動字之後者也。

c 附於靜字以示比較之意　例如孟子云：

丹之治水也，愈於禹。

地非不足也，而儉於百里。

按此「於」字附於靜字之後，以示此勝於彼之意，與英語之 Than 同。除此以外，「於」字亦可以「乎」「諸」二字代之。例如孟子云：

故君子莫大乎與人爲善。——此「乎」字與「於」字相等。

取諸人以爲善，是與人爲善者也。——此「諸」字與「於」字相等。

㈢以字之用　以字有「因」「由」「用」「與」等字之義，亦聯綴實字者也，其用有四：

a司名字者　司名字之「以」字，有言「所用」者，有言「所因」者。例如孟子云：

殺人以挺與刃——此言所用也，故以「以」字介之。

斧斤以時入山林——此言所因也；故以「以」字介之。

b司動字者　司動字之「以」字，皆以言「所向」也。例如孟子云：

晉人以垂棘之璧與屈產之乘，假道於虞以伐虢。

按句中前「以」字，司名字作「用」字解，後「以」字，司「伐」字，猶云「前往伐虢」也。

c司代字者　司「代」字之「以」字，或先或後，然如司「何」「是」「所」三字，則用在其後；司「之」「此」諸字，則用在其前；此一定之用法也。例如孟子云：

夏諺曰：「吾王不遊，吾何以休？吾王不豫，吾何以助？」——「以」司「何」字，用在其後；「何以」者，猶言「以何」也。

又如左傳云：

楚是以無分而彼皆有。——「是以」者，猶「以是」也。

又如孟子云：

學則三代共之，皆所以明人倫也——所字，指上文「學」字，「以」字司之而置其後。

又左傳云：

以此衆戰，誰能禦之？以此攻城，何城不克？——「以」字司「此」字，故置其前。

d 司靜字者。　如兩靜字義有可分者，則用「以」字聯之，此「以」字用與「而」字同。例如樂記云：

治世之音安以樂，亂世之音怨以怒，亡國之音哀以思。——此三「以」字與「而」字同，其義亦等於「又」字。

㈣與字之用　凡以「與」字聯名代諸字之平列者，及動字與目的字之關係者，則必先焉。其用法有三：

a 聯名代諸字之平列者　凡平列之字必聯以「與」字，以明其無輕重之別也。例如論語云：

子罕言利與命與仁。——按利，命，仁三字皆平列，故聯以「與」字。

b 連接動字與目的字之關係者　「與」字之司詞，無論名代諸字，而位皆先乎動字，例如孟子云：

諸君子皆與驩言，孟子獨不與驩言。——言「驩」字爲目的字，「言」字爲動字，而以「與」字司之，位於其前。

c 可與「以」字通用連目的字與動字之關係者　例如論語云：

可與入德矣。——按「可與」即「可以」也。

㈤爲字之用　亦聯絡實字也。凡行動之所以有者曰爲；故司名字者，必先乎動字；司代字者，或先或後；司詢問代字者，亦有時首尾拆開用之。茲舉例於左：

a 司名字者　司名字之「爲」字，必在動字之先，例如孟子云：

故爲淵敺魚者獺也；爲叢敺爵者鸇也；爲湯武敺民者桀與紂也。

按「淵」「叢」「湯」「武」等皆名字，敺爲動字；故「爲」字先之。

b 司代字者　「爲」字之司「代」字者，則用「之」字居多；惟必居其先；司「所」字者，則後之。例如論語云：

而求也爲之聚斂而附益之。——此與「之」字連用，而居其前。

又如史記項羽本紀云：

諭以所爲起大事。——此與「所」字連用，而居其後。

c 司詢問代字者　如「誰爲」「曷爲」「何爲」等字，皆「爲」字後於詢問代字者。其首尾拆開者，例如孟子云：

我何以湯之幣聘爲哉？

又如莊子逍遙遊云：

奚以之九萬里而南爲?

以上五介字，皆常用者。此外如「由」「用」「微」「自」「從」等字，亦介字也；其用易明，茲不贅述。

馬氏文通曰：「介字用法與他動字大較相似；故動字有用如介字者；（如漢書「大蛇當徑」之「當」字，本動字，而用如介字。）反之介字用於動字者，亦有之。蓋介字除「之」字外，其本義皆可用如動字，如「與」「以」等字是也。若「之」字之爲動字者，則義如「往」「至」等字，與介字之本義遠矣。

第二節　連字

馬氏曰：字句相接，不外提、承、推、轉、四者；而四者之妙用，全賴虛字以明其義。故連字可分四種：即提起、承接、推拓、轉捩是矣。茲分述之如左。

㈠提起連字　連字用以劈頭起者，本無定字，通常以「夫」「今」「且」「蓋」四字爲提起發端之字，亦姑仍之。

（甲）夫字之用　「夫」爲發語詞，猶「凡」也。以「夫」字冠句首者，皆以頂承上文，重立新意；其無上文可頂者，則與「凡」字同。其頂承上文者，例如孟子云：

夫國君好仁，天下無敵。——此「夫」字頂承上文，重推一義。

其無上文可頂者，如漢書賈誼傳云：

夫樹國固必相疑之勢。——此劈頭直起之「夫」字，與「凡」字同。

（乙）今字之用　今、狀時之字也。文中往往先敍他事，而後說到本題，則用「今」字；是「今」字非以別時也，乃以指所論之事耳。有時襯以「也」字，則文勢一頓；襯以「夫」字，則文勢一提；各有其神情焉，例如孟子云：

今燕虐其民，王往而征之。——上言湯征葛，今說到本題齊伐燕，故冠以「今」字。

今也小國師大國，而恥受命焉。——「今」後，附以「也」字，辭氣爲之一頓。

今夫天下之人牧，未有不嗜殺人者也。——今後附以「夫」字，文勢爲之一提。

（丙）且字之用　以「且」字冠句首者，緊頂上文，再進一層也；亦有助以「也」字者，與單用

「且」字無別，仍提詞也。例如論語云：

> 且爾言過矣。——上責二子當諫，此處更用「且」字進一層，責二子既不諫，而又不去位，不得辭其責，用意較前更進。

（丁）蓋字之用　蓋爲辜較之詞。辜較者，略言其梗概，未能究竟也。劉瓛：「不終盡之詞。」又「蓋」字多用爲疑詞，以示不敢斷定之意；其冠於句首者，仍不外辜較不定之意也。例如漢書高帝紀云：

> 蓋聞王者莫高於周文，霸者莫高於齊桓。

按此以「蓋」字起句者，實由高祖先有「治天下必與賢人共之」之意，而以「蓋」字作起，是仍有辜較大概之意也。

其用爲疑詞者，例如史記老莊列傳云：

> 蓋老子百有餘歲。

又如漢書藝文志云：

> 儒家者流，蓋出於司徒之官。……

此兩例中之「蓋」字，皆表示疑而不決之意也。

㈡承接連字　承接連字者所以承接上下文而概施於句中也。徵之經籍，惟用「而」「則」兩字居多。茲略舉之如左：

a 而字之用　「而」字不惟用以承接，而用為捩轉連字者，亦習見焉，要皆視上下文義而定。茲再分列之如左：

(甲)用而字承接者　例如論語「學而時習之，」「而」字意同「又」字，猶言既已學習，又時時服習之也。

(乙)用而字捩轉者　凡上下文意相反，則以「而」字捩轉，似有「乃」字，「然」字之意，故「而乃」「然而」常相連用者以此。例如論語云：

其為人也孝弟，而好犯上者鮮矣。

按「孝弟」與「犯上」兩意相反，「而」字承之，猶云「孝弟之人乃犯上者，蓋寡也。」又文中用「然而」兩字者，當拆開釋之；「然」字一頓，所以承上文也；「而」字一轉，所以拗轉也。例如孟子云：

然而不王者，未之有也。

按此句「然」字，所以然上之「不飢不寒」係承上文一頓；「而」字轉出「王」字，所以回應上文「王道」二字也。

（丙）而字用如「則」字「因」字。凡文之上下二截，以一意相因而下，須以「而」字直承之是也。例如大學云：

上老老而民興孝；上長長而民興弟；上恤孤而民不倍。——此處三「而」字義同「則」字。

堯舜帥天下以仁，而民從之；桀紂帥天下以暴，而民從之。——此處「而民從之」言「民因而從之」也。

b 則字之用　「則」字乃直接之詞，與上文口吻相應，其用有三：

（甲）凡上下文相連有因果之關係者；「則」字承之，爲言效之詞。例如大學云：

是故財聚則民散，財散則民聚。

按此處以財之聚散爲民之聚散之因，故以「則」字承之，以言其效。

(乙)凡上下文相連有繼續之關係者；「則」字承之，爲繼事之詞。例如論語云：

弟子入則孝，出則弟，……則以學文。

按此處「入孝」「出弟」與「餘力學文」等，皆相繼之事，故以「則」字承之，所以明其後之繼乎先也。

(丙)凡上下文中之事有異同者；則字承之，爲直決之辭。然事之所謂異同者有三：

(1)其事或本相異，或本相同，「則」字承之，所以決其爲是爲非也；故「則」字之後，卽爲表詞。例如孟子云：

其妻問所與飲食者，則盡富貴也。

按此處「則」字以承所問，決所與飲食者之皆爲富貴也。

(2)事有對待而見爲異同者，「則」字承之，所以決其爲異爲同也。例如孟子云：指不若人，則知惡之；心不若人，則不知惡。

按此處一「惡」一「不惡」而互爲同異，承以「則」字，所以決其非也。

（3）事理以推論而見爲異同者，「則」字承之，所以決定所推之理與上下文之爲異爲同也。

例如孟子云：

則是方四十里，爲阱於國中，民亦爲大，不亦宜乎？

按此乃孟子先以文王之囿與齊王之囿並論，而後推論齊民以王囿爲大之宜，而不可與文王之囿並論也。故此「則」字，所以決推論之理也；凡推論之理，必根据上文並論，見爲同則決其同，見爲異則決其異，此辯才之學也。語體文用「那末」二字，即與「則」字同。

㊂推拓連字。推拓連字者，所以推開上文而展拓他意也。作文最忌平衍，須層層開展，方有波瀾，故有開宕之詞，有假設之詞，有較量之詞，有遞進之詞。今舉例如左：

a 開拓之詞 凡將文勢推開一宕，然後跌入本意者，須用「雖」「縱」兩字。例如中庸云：

果由此道矣，雖愚必明，雖柔必強。

又如史記項羽本紀云：

縱江東父老憐而王我，我何面目見之？縱彼不言，籍能不愧於心乎？

b 假設之詞　凡「若」「苟」「使」「如」「倘」等字，皆事之未然而假設其然之詞，亦推拓連字也。例如孟子云：

王若隱其無罪而就死地，則牛羊何擇焉？

苟能充之，足以保四海；苟不充之，不足以事父母。

此二例之「苟」「若」二字，皆假設其事之如此也。

c 較量之詞　連字之用以較量者，則用「猶」「尙」「況」「矧」等字。例如左傳云：

困獸猶鬥，況國相乎？

又如詩經云：矧可射思。

此二例，皆較量其事之輕重大小也。

d 遞進之詞　連字之用以遞進者，則以「抑」「甯」等字，又或以「非惟」「不惟」等字爲撇轉之詞；又有用「抑又聞之」或「不甯惟是」等成語者。例如論語云：

求之與？抑與之與？

又如莊子秋水篇云：

此龜者，寗其死而留骨爲貴乎？寗其生而曳尾於塗中乎？

其用爲擻轉者，例如孟子云：

非惟百乘之家爲然也，雖小國亦有之。

此則因擻轉而遞進一層之詞也。

㈣**轉捩連字**　轉捩連字者，所以反上文而轉申一義也。最習用者，爲「然」「乃」二字。舉例如左：

a **然字之用**　「然」字之用爲連字者，多用於起句，口雖然而勢已轉也。將飛者翼伏，將躍者足蹜，將轉者先諾，同一理也。故「然」字非轉也，未轉而姑然之，則掉轉之勢已成；此「然」字之所以爲轉語詞也。惟有單用者，有襯以「而」「則」「且」「後」等字者，要皆冠於句首，作爲一頓，以取勢也。例如孟子云：

然終於此而已矣。

此句「然」字一頓，以應上文晉平公之待亥唐如是，下乃挺轉，決其終於如是而已矣。又如孟子云：

然而不勝者，是天時不如地利也。

此處「然」字襯以「而」字。「然」字一頓，「而」字一轉。又如孟子云：

然則舜僞喜者與？

此處「然」字之襯以「則」字者，兼有推論揣測之意。

b 乃字之用　「乃」字用作「然後」「而後」解者，則爲繼事之詞。用作「於是」解者，則爲言效之詞；而皆位於句首，否則非連字也。例如史記信陵君傳云：

侯生視公子色終不變，乃謝客就車。——此「乃」字用作「於是」「然後」等解。

此外如「第」「但」「獨」「特」「惟」五字，亦轉捩連字也。至於「顧」字本爲動字，借作連字，則有「轉念及此」之意，有回環往復之妙，位必句首，否則非連字也。

第三節　助字

凡虛字用以結煞字與句讀者，曰助字。古人謂助字為語已之詞，（外國文字，因聲見意，一切助字之尾音，皆隨語氣而變，故無助字一門。）蓋助實字以達字句內應有之神情也。故助字所傳之語氣有二：曰信，曰疑，又有合二字或三字疊助一句者。今分別舉例如左：

㈠傳信助字　傳信助字惟「也」「矣」「已」「耳」「焉」「者」七字，而方言不與也。

a 也字之用　「也」字所以助論斷之辭氣也，故凡句意之為當然者，則以「也」字結之。古人謂「也」字有三用：有用於句末者，有用於句中者，有用於稱謂者。馬氏文通謂「也」字所助有三：曰助句，曰助讀，（讀，即子句也）曰助實字，以視古人所謂三用者，較為涵蓋。

（甲）助句之「也」字。　用「也」字助句，大抵助論斷之詞氣耳，其為是者，斷詞可省；（即不加「為」「是」等字）斷為非者，則必以「非」字先焉。例如論語云：

生知而之者，上也；學而知之者，次也；困而學之，又其次也。

又如論語云：

雖在縲絏之中，非其罪也。

此兩例之「也」字，皆文隨意了，毫無疑義。

（乙）助讀之「也」字　也字助讀，適與助句相反；助句以結上文，而助讀則以起下文，蓋「讀」與「句」相續而成文，患其冗也，助以「也」字，則辭氣爲之舒展矣。例如論語云：

古之狂也肆；今之狂也蕩。

又如孟子云：

地之相去也，千有餘里；世之相後也，千有餘歲。

此兩例，如將句中之「也」字刪去，則辭氣迫促，而不成讀矣。

（丙）助實字之也字　凡實字之宜注意者，足以「也」字，不獨停頓以起下文，而且特爲揭明，使人注意。例如論語云：

回也，非助我者也。

又如莊子養生主曰：

吾生也有涯而知也無涯。

此等助實字之「也」字，妙在一頓以起下文，而舒文氣也；與口語「哪」字相同。

b) 矣字之用　矣字者，所以決事理已然之口氣也。已然之口氣，俗語多用「了」字。凡「矣」字之助句助讀者，皆可以「了」字解之；「了」者盡而無餘之詞，而其爲口氣也。有「未了」之「了」，則用「矣」字以助靜字而爲頓句；有「已了」之「了」，則用「矣」字以助言效之句，而有「終了」之口氣也。今列舉其例如左：

(甲)矣字助靜字而爲頓句者。　矣字之助靜字者，最爲常見；結以「矣」字而爲頓句者，所以爲轉筆也。例如論語云：

其爲人也孝弟，而好犯上者鮮矣；(一頓)不好犯上而好作亂者，未之有也。

(乙)矣字助句讀之述往事者。　句讀之述往事者，「矣」字動之，「既」「已」等助字，加否無常。例如左傳云：

險阻艱難，備嘗之矣。

又如漢書西域傳云：

漢之號令班西域矣；始自張騫，而成於鄭吉。

（丙）矣字助言效之句者。　言效之句，其句首或有連字或無連字，至不一也，而以言效之必至者則同。例如孟子云：

如有不嗜殺人者，則天下之民皆引領而望之矣。

又如論語云：

我欲仁，斯仁至矣。

上兩例「矣」字，皆助言「不嗜殺人」及「欲仁」之效也。

c 焉字之用　焉字之用於句首者，多有「於是」「乃」等義，王引之經傳釋詞言之詳矣。惟此處所欲言者，則爲助字。焉字之爲助字，所以助陳述之口氣也；其用在「也」「矣」兩字之間，往往按而不斷，而以之結句，隱然有坐鎮之既焉。所功有三，曰句，曰讀，曰字。今分述如左：

(甲)助句之焉字。以「焉」字結句者，或述往事，或陳事理，其用疊句而歷敍事實者，亦有之。例如論語云：

謹權量，審法度，修廢官，四方之政行焉；興滅國，繼絕世，舉逸民，天下之民歸心焉。

按此兩節，首述往事，其結句各以「焉」字助之，不曰「行矣」「歸心矣」者，蓋其政之行與民之歸心，非一過卽了之事也；且記者之舉行政歸心兩事，非斷其效之必然，惟敍其事之如是耳。又如論語云：

天何言哉！四時行焉，百物生焉。

此兩句用「焉」字，所以敍事實也。

(乙)助讀之焉字　焉字助讀，仍寓陳述口氣，所以爲頓挫之辭也。惟有設事之讀；有繼事之讀：所助之讀，不一其式也。例如大學云：

心不在焉：視而不見，聽而不聞。

此所謂設事之讀也。其助以「焉」字而不助以「也」字者，蓋欲全其按而不斷之口氣，兼以停頓也。又如孟子云：

聖人既竭目力焉；繼之以規矩準繩，以爲方圓平直，不可勝用也。

此爲繼事之讀，前事與後事相繼，助以「焉」字，亦按而不斷也。

（丙）助字之焉字。焉字助字，所以助語氣之停頓也。例如莊子德充符云：

先生之門固有執政焉如是哉！

此例中，執政本爲公名，助以「焉」字宛然一頓，而語氣以足。

d 已字之用 「已」字與「矣」字同義。如莊子養生主云：

以有涯隨無涯，殆已。——殆已者即「殆矣」也。

e 耳字之用 耳字爲「而已」之急讀，有「止此」之義；助句助讀，惟所用耳。例如論語云：

前言戲之耳——此猶言「前言戲之而已」

f 爾字之用 爾字爲「如是」之急讀，亦有「而已」「如是」之義。其所以別於狀字者，蓋加有決斷之口氣耳。例如論語云：

便便言，惟謹爾。——猶言「惟有謹而已矣。」

其作「如是」解者，如韓愈云：「僕何能爾」猶言「僕何能如是也。」

g 者字之用　者字，猶俗語「這」字。說文云：「別事詞也。」王氏解謂或指其事，或指其物，或指其人，無論助字助讀，皆接讀代字也。至於助句，古所罕見，惟自唐宋以後，多用於公文以煞句。其義猶指「此項公文也」。

(二)傳疑助字　此項助字，惟「乎」「哉」「耶」「與」「夫」「諸」六字。其中「乎」「哉」「耶」「與」四字用法，大致相同。其用有三：即

1 設問　2 擬議　3 詠嘆

a 「乎」「哉」「耶」「與」四字之用　此四字用法有三：

(甲)設問　例如論語云：

或曰「管仲儉乎？」

何哉？爾所謂達者。

此處所宜注意者，「哉」字之上，必先以詢問代字，始有設問之口氣。

(乙)擬議　擬議之句，本無可疑之端，而行文亦無假說之法，故往往信者疑之，而後信者愈信矣。惟一切較量計度之神情，必用「乎」「哉」「耶」「與」等字以助之，則神情如畫矣。例如

學而時習之，不亦說乎！（論語）——此「乎」字，乃以擬議，非設問之口氣也。

予雖然，豈舍王哉！（孟子）——此即不舍王之意也。

子既若是矣，猶與堯爭善，計子之德不足以自反邪！（莊子）——此以「邪」字擬議足以自反之意也。

所居之室，伯夷之所築與？抑亦盜跖之所築與？（孟子）——此以「與」字擬議其事之是否也。

(丙)詠嘆　例如

孔子曰：知我者其惟春秋乎！罪我者其惟春秋乎！（孟子）

人焉廋哉！人焉廋哉！（論語）

乾坤其易之門邪！（易經）

由此觀之怨邪非邪！（史記伯夷列傳）

舜其大知也與！（中庸）

上列各句，其用「乎」「哉」「耶」「與」等字，皆爲詠嘆口氣，非以設問索答也。學者宜味玩其神情，即自得之。

b 夫字之用　夫字用在句末者，多爲詠嘆口氣，無設問擬議之口氣也。例如

仁夫公子重耳！（禮檀弓）

亦可弗畔矣夫！（論語）

c 諸字之用　「諸」字本爲「者與」或「之乎」之急讀；長於設問，亦有用以擬議者；至其不能詠嘆，亦猶「夫」字之不能設問也。其屬於設問者，例如

求善價而沽諸？（論語）——猶云「沽之乎」也，「之」指美玉也。

文王之囿方七十里有諸？（孟子）猶云「有之乎」也，「之」指前文也。

其屬於擬議者，例如

有楚大夫於此，欲其子之齊語也，使齊人傅諸！使楚人傅諸！（孟子）

王如改諸，則必反予。（仝上）——此兩例中「諸」字，皆擬議之辭也。

㈢合助助字　合助助字者，或兩字疊助一句，謂之雙合字，或三字疊助一句，謂之參合字。古人謹爾話言，往往意在言外，記者追憶其言而筆之，筆之不足擬其辭，故助以聲，一之不足，而再焉，三焉，至辭氣畢達而止。參合助字，僅見於論語檀弓左傳，且其句大抵皆記者追述言者之辭氣已耳，故凡句之有合助者，大抵皆由詠嘆而發。惟合助之式不一，今舉例如左：

a 以傳信助字雙合為助者　傳信助字之雙合者，惟「已」「矣」二字，「耳」「爾」二字，亦間用焉。

（甲）「已矣」合助　如論語「賜也，始可與言詩已矣。」「已矣」者，所以決言其事之已定，無可疑者。

（乙）「也已」合助　如論語「可謂好學也已。」「也已」者，也字斷詞，所以助好學也；「已」字助「可」字，所以決其已然也；猶云「其好學也可無疑矣」。

（丙）「耳矣」合助。如孟子「人之易其言也。無責耳矣。」「耳矣」者，猶言止此矣也。

（丁）「焉爾」合助。如檀弓「惟祭祀之禮，主人自盡焉爾。」「焉爾」者，「焉」乃句中頓挫之詞；「爾」助字，仍解若「如此」或「而已」也。

亦有用「焉耳」者，如檀弓「敬之斯盡其道焉耳。」「焉」解同上，「耳」解「止此」也，然則雙合助字，仍各以其本意爲助，學者自爲領會可耳。

（戊）「乎爾」合助。乎爾者，猶言「於此」也。如孟子「然而無有乎爾，則亦無有乎爾。」猶言「於此時既沒有王者，那末於此沒有王者，就算了。」

b以傳信助字參合爲助者　傳信助字之參合者，惟以「矣」字爲殿。今分述之如左：

（甲）「也已矣」合助。如論語「泰伯其可謂至德也已矣。」「也已矣」者，參合助字也。「也」字煞上，「已矣」兩字，仍解如前。

（乙）「焉耳矣」合助。如檀弓「勿之有悔焉耳矣。」「焉」者，辭之頓挫也，「耳矣」者，猶「而已矣」也。

c 以傳疑助字雙合爲助者　傳疑助字之雙合者，惟有「乎」「哉」兩字，若參合者，則未之有也。如論語「爲人由己，而由人乎哉？」「乎」字助句，「哉」字爲詠嘆也。

d 以疑信兩種助字雙合爲助者　凡疑信兩種助字之雙合者，惟傳疑者殿句。殿以「乎」「哉」者其常，殿以「與」「夫」者，亦有焉，惟殿以「耶」字者，不多見耳。

(甲)「矣哉」合助。如論語「子曰：庶矣哉！」「矣」字助「庶」字，殿以「哉」字，嘆詞也。

(乙)「也哉」合助。如詩經「其君也哉！」「也」字助句，加「哉」字，以爲量度詠嘆也。

(丙)「矣乎」合助。如中庸「父母其順矣乎！」「矣」字助「順」字，言效也；「乎」嘆詞也。

(丁)「也乎」合助。如左傳「武子曰：『無爲吾望爾也乎』？」「也」字助句，「乎」以設問也。

(戊)「也與」合助。如中庸「道之將行與？命也」。「也」字煞句，「與」字，詠嘆也。

(己)「矣夫」合助。如論語「亦可以弗畔矣夫！」「矣」字煞句，「夫」字嘆詞也。

(庚)「也夫」合助。如莊子「然而至此極者，命也夫！」「也」字煞句，「夫」嘆詞也。

(辛)「也耶」合助　如莊子「我果非也耶?」「也」字助句,「耶」擬議之詞也。

e以疑信兩種助字參合爲助者　凡疑信兩助字之參合者,亦惟以「乎」字或「哉」字爲殿耳。

(甲)「也乎哉」合助　如左傳「晏子立於崔氏之門外,其人曰:死乎?曰:『獨吾君也乎哉?』曰:『行乎?』曰:『吾罪也乎哉?吾亡也。』」此「也」字以煞句,「乎」以自問,「哉」以感嘆也。

(乙)「也與哉」合助　如論語「鄙夫可與事君也與哉!」「也」字助句,「與」以擬議,「哉」以慨嘆也。

(丙)「焉爾乎」合助　如論語「女得人焉爾乎?」此處「焉」在句中,所以頓挫也,而亦有「於此」之意;「爾」字仍解「止此」或「如此」也;「乎」以疑問也。

馬氏曰:「助字之妙,惟古人能用之,周秦以後,無繼之者。」總之合助之字,各抱本義,藉以畢達句中所孕之辭氣耳。助字之功用,大概如此。

第五章　訓詁的流弊

第一節　字義分合的流弊

㈠歷代字書上之字數一覽表　吾國字數，因時增加，迄今不下四五萬字；此亦文化進步之表徵也，今舉歷代字書上之字數，列表如左：

書名	著作時代	著作者	字數
說文	東漢	許愼	九三五三
聲類	魏	李登	一一五二〇
廣雅	魏	張揖	一八一五〇
字林	晉	呂忱	一二八二四

玉篇	梁	顧野王	二二七二六
切韻	隋	陸法言	一二一五六
唐韻	唐	孫愐	二六九一一
廣韻	宋	陳彭年	二六一九四
集韻	宋	丁度	五三五二五
六書略	南宋	鄭樵	三四二三五
字彙	明	梅膺祚	三三一七九
正字通	明	張自烈	三三四四〇
康熙字典	清	勅撰	四二一七四

上列諸字書，以集韻字數爲最多，如明之字彙正字通，清之康熙字典，其字數視集韻互有增損。

近代學術事物，日趨繁賾，將來文字必猶有所益，此可預計者也，惟以今觀之，諸字書中之字數，雖無慮數萬，而實際常用者，不過數千；段玉裁所謂「某字行而某字廢」者，殆居大多數：此日人所以議康熙字典，爲死字典也。

㈡康熙字典之所本　清代之康熙字典，依楷書之偏旁分類，其體例實開於明代之字彙及正字通，今略述之如左：

a　字彙　明梅膺祚撰。梅氏首變說文及玉篇之部首，一依楷體之偏旁分部，又以地支分卷爲十二卷，雖不免俗陋，然頗便檢查，故正字通及康熙字典均沿用之。

b　正字通　明張自烈撰，清廖文英以金購之，掩爲己有，而加入清十二字母。其書繁蕪穿鑿，頗爲學者所譏云。

康熙字典，於清康熙年間勅撰。其書分部分卷，大致遵上列兩書；其切音解義，一本說文玉篇，兼用廣韻集韻及洪武正韻等書，其餘字書一字一義之可採者，靡有遺佚。至諸書引證未備者，則自經史百家以及歷代詩人文士所述，莫不包羅博證；於正字通之泛濫無當者，皆删去之，其書大體精核，近代坊間所出辭源等書，均宗之。

㈢字義繁複之流弊　吾國字數不下數萬。其中已成死字不適用者極多，究其所以然者，同義之字過多，一義行，而其他同義之字悉廢也。例如：

同一交戰也，而有「攻」「伐」「侵」「襲」之別。

同一凶歲也，而有「嗛」「饑」「饉」「康」之別。

同一外族也，而有「蠻」「夷」「戎」「狄」之別。

同一祭祀也，如有「礿」「禘」「嘗」「蒸」之別。

同一稱謂也，而貴族與平民不同，尊長與卑幼不同。

同一禽獸名稱也，而小者與大者不同；短者與長者不同；陰性又與陽性不同。

由此可見吾國字數之多，非其制字之初有如此之需要也，展轉制造，而無用之字，遂多不可紀。近人陳曾則曰：「語言文章之複，可以覘國名物制度之繁，可以覘政；公名多而專名少者，民智必淺；代言寡而實言衆者，民智必深」。此在西方文字固然；若以此爲吾國文字辯護，殊不足信。蓋吾國字義，至爲繁複而不適用；其間無謂之階級制，不平等之界限，隨在可見；且有不必分別者，而亦強爲分別，其煩亂極矣。

不僅此也，字義繁，則不混，而吾國文字，尤多失之意義含混者；就大體言之，旣無單複數之區別，而主賓位之關係，亦多半不分；此固文法之缺點，而亦字義籠統之缺點也。其尤含混者，一字之義過多，可此可彼，令人惶惑；如一「道」字，旣可訓之爲「道路」之「道」，亦可訓之爲「道理」之「道」；一「仁」字，旣可訓之爲「仁愛」之「仁」，亦可訓之爲「果仁」之「仁」；其無定義如此。有此二大流弊，於是促起國語之發展，而訓詁學亦遂發生一大變化焉。

第二節　國語進化與字義流弊的糾正

㈠**文言退化之表徵**　國語之發展，實基於文言之退化；至文言之所以退化者，依近人胡適之說，有四種表徵。即

a 文言達意表情的功用，久已減少至很低的程度了。禪門的語錄，宋儒理學家的語錄，宋元以來的小說所以盛行，都是文言已不能達意表情的鐵證。

b 至於記載過去經驗，文言更不夠用，只能記得一點極簡略極不完備的大概。爲什麼呢？因爲

文言自身太簡單了，太不完備了，決不能有詳細寫實的記載，只好借「古文義法」做一個護短的託詞。我們若要知道某個時代社會生活詳細記載，只好向紅樓夢和儒林外史一類的書裏尋去。

c至於教育一層；這二十年的教育經驗，更可以證明文言絕對不夠用了。二十年前，教育是極少數人的特殊權利，故文言的缺點，還不大覺得；二十年來，教育變成人人的權利，變成人人的義務，故文言的不夠用，漸漸成爲全國教育界公認的常識。

d至於作社會共同生活的媒介，文言更不中用了。一篇古文或駢文或韻文的文章，就是「斯文中人」尚且不懂，何況大多數的平民呢？

以上說語言文字四種用途，文言竟無一不是退化的；國語文自然應運而興矣。（見新青年雜志七卷三號）

㈡國語文改正文言麻煩的字義之優點　古代重畜牧，關於獸類之字，區別甚繁，其字遺留於字書者極多，今就何氏本所舉者，釋之如左：

豬　說文「豕而三毛叢居者」。俗作猪，今爲豕類通稱。

豯　說文「生三月豚，腹奚奚貌」。——胡雞切。

豵　說文「生六月豚；一曰「一歲曰豵」。——子紅切。

豝　說文「牝豕也，一曰二歲豕。」——伯加切。

豜　說文「三歲豕」。——古賢切。

豭　說文「牡豕也」。——古牙切。

駒　說文「馬二歲曰駒；三歲曰駣」。——駒、舉朱切。

⿰馬八　說文「馬八歲也」。——博拔切。

驕　說文「馬高六尺爲驕」。——舉喬切。

騋　說文「馬七尺爲騋，八尺爲龍」。——洛哀切。

騭　說文「牡馬也」。段注「釋言曰；「牡曰騭，牝曰騇」。

羝　說文「牡羊也」。——都兮切。

羘　說文「牝羊也；从羊，爿聲」——爿音牆。

羭　說文「夏羊牝曰羭」——羊朱切。

羖　說文「夏羊牡曰羖」——公戶切。

犢、犙、牭　說文「犢、二歲牛；犙、三歲牛；牭、四歲牛。」

胡適曰：「這些區別，都是沒有用處的區別。當太古畜牧時代，人同家畜很接近，故有這些煩瑣的區別。後來的人離畜牧生活日遠了，誰還記得這些麻煩的區別？故後來這些字都死去了；只剩得一個「駒」字，代表一切的「小馬」；一個「羔」字代表一切的「小羊」；一個「犢」字代表一切的「小牛」；這還是不容易記的區別。所以國語文裏，把「駒」「犢」等字廢去了，『直用一個「類名加區別字」的普通公式，如「小馬」「小牛」「公猪」「母猪」「公牛」「母牛」之類，那就更容易記了。「三歲的牛」直叫「三歲的牛；」「六尺的馬」直叫「六尺的馬，」也是變爲「類名加區別字」的公式』。

㊂國語文改正文言文法的優點　文言文向無所謂文法也，其用字純依上下文之關係，而適

其意義；即其同義之字，亦純依其文中之位置而異其用，原非平常人所能了解。即以代名詞而論，關於第一身，有「吾」「我」等字，第二身有「爾」「汝」等字，第三身有「彼」「他」「其」「之」等字，更有「余」「予」「儂」「卿」「伊」「渠」……等字，至爲煩亂。然今之國語文於此等代名詞，已採取西方文法，將此等舊式無謂之區別，加以修正，或全行廢除，而變爲一種極整齊之代名詞。

其在語體方面，則爲

第一身：我，我們，我的，我們的。

第二身：你，你們，你的，你們的。

第三身：他，他們，他的，他們的。

其在文言方面，則有左列各項的修正。即

a「吾」、「我」之別、「吾」爲主位，如英文之I；「我」爲目的位，如英文之me。例如：

論語　如有復我者，則吾必在汶上矣。

又　如有用我者，吾其爲東周乎？

莊子　今者吾喪我。

可見「吾」字應用於主位，nominative case「我」字應用於目的位 objective case 也。

b「爾、」「汝、」之別、「汝」爲主位，「爾」爲主有位。例如

禮記檀弓「……喪爾子，喪爾明，爾罪三也。而曰汝無罪乎？」

可見「汝」字應用於主位，nominative case「爾」字應用於主有位；possessive case「汝」猶白話文之「你」，「爾」猶「你的」也。

c「彼、」「之、」「其、」之別、「彼」字必用於主位，等於英文之 He, She;「之」字必用於目的位，如英文之 him, her;「其」字必用於主有位，如英文之 his, her。例如

孟子：「以小易大，彼惡知之（「彼」主位，「之」目的位。）

又「以其所有，易其所無」。

又「持其志無暴其氣」。

由此可知「彼」「之」「其」三字之用不同矣。

d 承接代名詞之「者」「所」二字　承接代名詞之「者」字，應用於主位，「所」字應用於目的位，猶英文之 which, what, that，用以承接「前字」antecedent 依上下文之關係，而異其主位或目的位也。例如

1 古文　（主位）　爲此詩者，其知道乎！

（目的位）　播州非人所居。

2 白話　（主位）　做這詩的人是誰？

（目的位）　播州不是人住的。

e 詢問代名詞之用法　文言之詢問代名詞，有「誰」「孰」「何」「奚」「曷」「胡」「惡」「焉」「安」等字，用法頗爲複雜，馬氏文通言之甚詳。大抵問人則用「誰」「孰」二字；問事物及場所，則用「何」「奚」二字；問時期則用「曷」「胡」「惡」「焉」「安」等字；此其用法之大較也。

第三節　國語文義與文言字義的比較

㈠單音字有變爲複音字之趨勢　胡適曰：「中國文中，同音的字太多了，故容易混亂：例如「師」「獅」「詩」「尸」「司」「私」「思」「絲」八個字，有許多地方的人讀成一個音，沒有分別：有些地方分作「尸」（師、獅、詩、尸）「ㄙ」（私，司，思、絲）兩個音，也還沒有什麼分別。但是說話時，這幾個字，都變成了複音字：如「師傅」「獅子」「死尸」「尸首」「偏私」「私心」「職司」「思想」「蠶絲」……故不覺得困難。所以我們可以說單音字變成複音字，乃是中國語言的一大進化。這種變化的趨勢，起得很早；如左傳的議論文中已有許多複音字，例如：呂相絕秦中有云：

散離我兄弟，撓亂我同盟，傾覆我國家，……帥我蝥賊以來蕩搖我邊疆。……

漢代的詞賦用複音字更多。可見這種趨勢，在文言本身已有了起點，不過還不十分發達；白話文因爲有會話的需要，故複音字也最多。此吾國文字由單而複之趨勢也。

㈡黎錦熙之複名組合表　黎氏曾著國語文法表解草案一篇，登民鐸雜志二卷以後各號，對於各種品詞之複字的組合，表列甚詳。今摘錄其複名之組合一表如左：

- (子)合成的……例　蜘蛛　玫瑰　玻璃
- (丑)並行的
  - (1)名與名合
    - 例一　道路　法律
    - 例二　火燭　門戶
  - (2)形與形合
    - 例一　富貴　貧賤
    - 例二　聰明　黃昏
  - (3)動與動合
    - 例一　學問　命令
    - 例二　合同　買辦
- (1)兩名相合
  - (A)以上名定下名
    - 例一　男人　母雞　(性類)
    - 例二　旅館　飯碗　(功用)
    - 例三　石硯　粉條　(品質)
  - (B)以下名輔上名
    - 例一　樓上　路東　(方位)
    - 例二　雨絲　月輪　(形狀)

（寅）聯屬的

（2）形名相合
- 例一　温泉　熱手　瞎說
- 例二　橘紅　硫黄　月亮
- 例三　個人　匹夫　點墨

（3）動名相合
- 例一　招牌　匯水　點心
- 例二　車站　字據　麪包

（4）副動相合——例　新聞　廣告　強盜

（卯）對待的

（1）名與名合　例　晝夜　水火　東西

（2）形與形合　例　多少　縱横　長短

（3）動與動合　例　死生　得失　存亡

（辰）疊用的

（1）表示複數　例　人人　天天　處處　事事

（2）習慣稱謂　例　哥哥　弟弟　太太　奶奶

（3）他詞轉成　例　蒼蒼　唯唯　諾諾

(巳)帶他詞的

- (1)帶特別語尾的
  - (A)帶「頭」字　例　石頭　鋤頭　埠頭　年頭
  - (B)帶「兒」字　例　貓兒　狗兒　馬兒　哥兒
  - (C)帶「子」字
    - 例一　桌子　鴨子　妻子　老子
    - 例二　胖子　瘦子　儍子　扣子
- (2)帶數量名詞的
  - 例一　馬匹　船隻　車輛　紙張
  - 例二　人們　孩子們

上表極其詳細整齊，由此類推，可概其餘矣。

㊂**國語字數多於文言之優點**　胡適曰：「許多反對白話的人，都說白話字不夠用，這話是大錯的。其實白話字數比文言多得多。我們試拿紅樓夢用的字和一部正續古文辭類纂用的字相比較，便可知道文言的字實在不夠用。白話裏已寫定字也就不少了；還有無數沒有寫定的字，將來都可用注音字母注出來，此外文言裏的字，除了一些完全死了的字之外，都可儘量收入。將來編字典的人，把白話小說裏用的字和各種商業工藝通用的專門術語，搜集起來，再加上文言裏可以收用

的字和新學術的術語，一定比文言常用的字要多好幾十倍」。

㈣關於白話文言的字義孰爲含混之爭論　胡適曰：「章太炎先生說：『有農牧之言，有士大夫之言，……而世欲更文籍以從鄙語，冀人人可以理解，則文化易流，斯則左矣。今言「道」「義」，其旨固殊也；農牧之言「道」，則曰「道理」，其言「義」亦曰「道理」，今言「仁人」「善人」，其旨亦有辨也；農牧之言「仁人」，則曰「好人」，其言「善人」亦曰「好人」；更文籍而從之，當何以爲別矣。夫里閭恆言，大體不具，以是教授，是使眞意譌淆，安得理解也。』（見章氏叢書檢論五）這話也不是細心研究的結果。文言裏有許多字的意思最含混，最紛歧。章先生所舉的「道」「義」等字，便是最普通的例。試問文言中的「道」字有多少種意義？白話用「道」字的許多意義，每個各有分別：例如「道路」「道理」「法子」等等。「義」字也是如此；白話用「義氣」「意義」「意思」等詞來分別「義」字的許多意義；白話用「道理」來代「義」字時，必是「義不容辭」一類的句子，因爲「義」字這樣用法與「理」字本無分別，故白話也不加分別了。白話用「好人」代「仁人」「善人」，也只是因爲平常人說「仁人君子」本來和善人沒有分別。至於經書裏說的「仁人」本不是平常人所常見的，如何能怪俗話裏沒有這個分別呢？總之文言有含混的地方，應該細細分別的，白話都細細分別出來，比文言細密得多。」

第六章　訓詁學史略

㈠傳爲經之訓詁　東周以後，六經既定，傳體漸興，後人遂以經傳並稱。其實經之有傳，猶他書之有注釋也；周易爲經，繫辭說卦爲傳，儀禮爲經，禮記爲傳；春秋爲經，左氏公羊穀梁爲傳，論語孝經雖無經文，而實爲諸經之總匯，亦傳體也。傳以「不破經」爲原則，於經旨之隱奧委曲而訓釋之。漢儒承暴秦焚書之後，收拾殘經，發明章句，其釋經之書，亦皆以傳稱。如伏生尚書大傳，毛亨詩故訓傳是矣。蓋以經義隱約，非訓述不能明，故賈逵、鄭衆、馬融、何休、鄭玄諸經師，更爲經傳作注，若許愼之「五經無雙」，鄭玄之「囊括大典」，固極訓釋之能事也

㈡漢儒之箋注　漢初諸儒之說經也，大抵以通大義爲貴，縱有所作，多不過三萬言而止耳。其後今文諸經，學官林立，家法遂興，於是學者各守家法，而有章句之學；武宣以後，學者治章句，尤務爲煩言碎辭，而經注之文遂滋多矣。東漢以後，古學代今學而興，學者注經，尤務繁瑣，一經動輒數十萬

言、學者罷老不能通一藝。及鄭玄出，始打破今古家法，遍爲諸經作注；尤長於名物訓詁，其爲諸經作注也，就原文字之聲類，考訓詁，捃祕逸；其於名物制度訓釋尤精。今其注行世者，尙有三禮注及毛詩箋，歷代學者宗之。

然注以不破經傳爲原則；鄭君箋詩，於毛傳之字有未安者，間本今文三家詩以易之；其於毛傳之義不以爲然者，亦間下己意；其於三禮之名物制度，有非後人所能喻者，往往以漢制況之；是亦未能盡符「注不破傳」之旨也，且漢人注經多有紕繆，雖鄭君亦不能免；不但爲魏人王肅所非難，卽清代之宗許鄭者，亦有微辭；是則鄭氏之箋注，亦當善觀之，未可爲其所蔽也。

㈢魏晉南北朝之義疏 鄭氏箋注，自漢末盛行，世人謂之鄭學。及三國魏人王肅出，始非難鄭學；王氏才高於鄭，而學不及之；亦遍注諸經，列之學官，世人目爲王學。同時又有善談老莊、之學者何晏、王弼等，喜以玄言注經；如王弼之易略例，何晏之論語集解，往往援道入儒，詞旨清麗；此風既扇，遂開南北朝義疏之學，此項義疏，大抵崇尙玄風，名言霏屑，名爲經注，實則經論；兩漢朴實說經之風氣，至此已蕩然無存。當時學者注經之書，多以義疏爲名；如皇侃之論語義，多爲駢儷之辭，已非經注之體，其他學者義疏亦然；此實唐人五經正義體之先聲也。

㈣唐代五經正義之疏體　唐一天下，太宗以諸儒經注紊亂，因命國子祭酒孔穎達作五經正義。孔氏遂召集諸儒分任經疏，其書大旨宗鄭排王，主南黜北，其正疏取漢、魏、晉諸儒，而三禮、毛詩，悉宗鄭氏箋注，大體不謬；然以「疏不破注」爲原則，故於鄭注之迂謬者，雖明知其不合，亦必爲之疏通而證明之。其疏文又喜雜採緯書及南學玄談；故視注文尤爲繁碎。總之漢儒之注，尚有發明；唐儒之疏，除釋注外，絕無可取；然漢、魏六朝學者之經注，藉以存什一於千百，亦不爲無功也。

㈤宋儒之義理訓詁　經傳訓詁至兩宋時代，始打破「注不破傳」「疏不破注」之風氣，而競主「體會文義」「隨文解釋」之說，不但經學之面目爲之一新，卽訓詁一端，亦不盡守漢儒以音形義訓字之例，而主以義理立訓之新訓詁：此實訓詁學之一大變局也。今略舉程、朱諸子所釋字義如左，以見此時代之風氣。例如

程子曰：「天所賦爲「命」；物所受爲「性」。——性卽理也。」

又曰：「一心之謂「誠」，盡心之謂「忠」。」

張子曰：「德者得也，凡有性質而可有者也。」

又曰：「義，仁之動也；敬，禮之輿也。」

朱子曰：「中心爲忠，如心爲恕」。

又曰「仁者心之德，愛之理也」。

又曰：「心之所之謂之「志」；日之所之謂之時；——志字從㞢從心；旹字從㞢從日」。旹，古「時」字也。

又曰：「氣，」也主於心者，則爲眞氣；主於形者，則爲血氣」。

又曰：「心，主宰之謂也。性是未動，情是已動，心包得已動未動。蓋心之未動則性，已動則情，所謂心統性情也。「欲」是情發出來的。心如水；性猶水之靜；情則水之流。

由上所舉諸例，可知宋儒於抽象之字，訓釋極精，所謂切於身心性命之學也。此外尙有以俗語及佛經語解釋字義者。然宋儒讀經，亦未嘗不本之漢詁。朱子曰：「文義名物之詳，當求之注疏。」又曰：「解經先要依訓詁說字」。又曰：「後生以依本字認得訓詁之義分明爲急。」由此可知宋學之義理，雖異於漢儒，然亦未嘗不資於漢學之啓示也。至於王荊公字說則多穿鑿附會之談，殊不足取，以其僅憑楷書爲字，多失造字之本意也。

㈥清代之訓詁學及其兩大名著　清代考證學實以訓詁文字之學爲工具；其專以訓詁字義名家者，實推王引之之經傳釋詞及俞樾之古書疑義舉例。

a 經傳釋詞　高郵王引之伯申以其父解「終風且暴」爲「既風且暴」，恰合古義，遂引起其治虛字訓詁之動機，因作經傳釋詞十卷，所釋之字凡百六十個，先列本解，後列假解，而於假解之下，列舉多數例證。其說字純本歸納法，所解者多洽心貴當，雖以反對漢學最力之方東樹，亦稱其所解足令「鄭朱俛首」，自是虛字始有義可尋，誠我國專講虛字之一部最完善的字典也。

b 古書疑義舉例　德清俞樾曲園喜治文字訓詁之學，其方法專宗高郵二王，（王念孫及其子引之，世稱高郵二王。）著古書疑義舉例七卷，其書將研究疑義所得，歸納爲八十八例，依例訓解，豁然冰釋，誠近代治國學者必讀之書也。近人劉師培復增補十一條，爲古書疑義舉例補；馬敍倫又增補二十餘條爲古書疑義校錄；楊樹達又增補二十餘條爲續補；姚維銳又增補十餘條，亦名續補：此等續補，尤有功於俞氏也。

㈥近代訓詁學有側重文法研究之趨勢　近代自海通以來，國人學歐西英、法文字者頗多。彼等以治西文文法之故，覺其條理秩然，頗感及中國文字向無文法專書之痛苦；於是應用西方文法之學，而爲中國文法之研究。首開此學途徑者，爲馬建忠眉叔；馬氏早年通西文，後歷官領事公使等職，因作馬氏文通一書。其書仿西文文法，分中國文字爲九種字部，每部立出條理，舉例證明，實爲溝通中西文法之巨著，亦爲我國訓詁學開一新途徑。自後仿作者，有國文典、中學國文法等書，皆本馬氏之書而作也。其特開生面者，則爲嚴復又陵之英文漢詁。嚴氏精治中西學術，作爲此書，以爲國人了解英文法之助：由此可證中、英文法有相通之點，亦奇書也。

有此二書，使國人於訓詁學得許多意外之創獲，而啓發其研究文字訓詁之興趣；將來訓詁學之發揚光大，可預卜也。

第五篇　結論

著者編本書既竟，頗感於吾國文字價值之永存，而益致疑於現代「廢漢字，用簡字」之說；及讀顧實中國文字學敍後，見其轉錄近人孟心史君論文，頗與不佞主張相契，因附錄於左，以當本書之結論。

心史曰：吾國文字爲剛性，不若拚音字之爲柔性；又爲固定性，不若拚音字之爲流動性，此盡人所知也。三代以來，禹會諸儒，周初尚有八百，至春秋，標舉其大國爲十二，戰國乃爲七雄，要其弱小獨立者，固尚夥。其時典謨訓誥，初無異本，「書同文」之稱盛，明揭於孔氏之遺文。周以後，惟篆變爲隸，有一小小波折，至煩漢儒說經，用今文寫定古文之本。自是以後，流轉甚微。若其分裂，則三國之鼎峙，南北之中分，五胡十六國之雲擾，五代十國之瓜剖豆分，較之羅馬失馭之禍，亦累累而有矣；文字之力，終能控制列強，莫能橫軼。因文字之合一，而語言亦受約束，所異者不過雙聲疊韻之間。名詞同，句法同，燕人入粵，專心察其音紐，旬月之間可以畢通。而吾國所謂種族之單純者，質言之，卽此文字之單純耳。古稱蠻夷，如萊夷、淮夷、徐戎、驪戎、陸渾之戎，赤狄、白狄之類，皆在古帝都密邇之地，聖哲並起之鄉，吳、楚則已爲荒服，又何論蠶叢魚鳧之國，五谿、六詔之蠻，東越、甌越、閩越、南越之詭異。今試指閩、越人而告以汝非漢族，其人必大憤，此之謂民族之自決，此之謂外人不敢生心，新疆爲蒙、回各半之故地，光緒間，設省開科，不數年，而優秀之士，已受六書之支配。士首四民，民皆慕士而不欲自外；所謂五族共和，回之一族，乃強作蒙、藏之陪客。滿則自行消滅，滿人略無復識滿文者。蒙、藏之所以捍格，乃誤於清代之自私，欲留作豐、鎬故家之禁臠。當時若乘科舉之熱，一舉而推行之，安見不與天山南北爭烈？古人之造成我偉大民族者，惟此不受言語轉移之文字，學之之時稍難，而效用則極大。今以識字人數之少，恨吾國文字之不出於拼音，其用心與外國人恨其語文之複雜，而欲創世界語以齊一之者無乃相反。外國之世界語基址，仍築於拼音之上，是仍無固定之性質。近來學界留意蒙古之教育，此次蒙古代表之親來，益通聲氣，能由此合幷文化，國民之責也。……

孟君此論，純依史迹以立言，其意以爲欲團結民族，發展其民族意識，非推行漢字教育不可。今距孟君發表斯文之時，已十五年矣；而强鄰之謀我日甚一日，不但領土已失其三之一，卽人民之受其文化侵略摧殘者，不下數千萬人。彼方日以消滅我國文字爲務，藉以消滅我之國民性及我之民族意識，而我反以「廢去漢字」「提倡簡字」之說助之攻；此則不待人亡而先自亡者也，吁！可慨矣。

中華民國二十八年一月本館第一版

(40378)

文字學概論一冊

每冊實價國幣壹元
外埠酌加運費匯費

編著者　汪國鎮

發行人　王雲五

長沙南正路

印刷所　商務印書館

各埠

發行所　商務印書館

柒

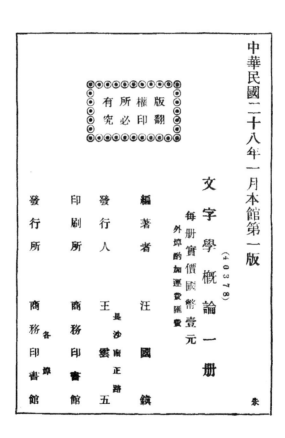